BEI GRIN MACHT SICH IHR WISSEN BEZAHLT

- Wir veröffentlichen Ihre Hausarbeit, Bachelor- und Masterarbeit
- Ihr eigenes eBook und Buch - weltweit in allen wichtigen Shops
- Verdienen Sie an jedem Verkauf

Jetzt bei www.GRIN.com hochladen und kostenlos publizieren

Bibliografische Information der Deutschen Nationalbibliothek:

Die Deutsche Bibliothek verzeichnet diese Publikation in der Deutschen Nationalbibliografie; detaillierte bibliografische Daten sind im Internet über http://dnb.d-nb.de/ abrufbar.

Dieses Werk sowie alle darin enthaltenen einzelnen Beiträge und Abbildungen sind urheberrechtlich geschützt. Jede Verwertung, die nicht ausdrücklich vom Urheberrechtsschutz zugelassen ist, bedarf der vorherigen Zustimmung des Verlages. Das gilt insbesondere für Vervielfältigungen, Bearbeitungen, Übersetzungen, Mikroverfilmungen, Auswertungen durch Datenbanken und für die Einspeicherung und Verarbeitung in elektronische Systeme. Alle Rechte, auch die des auszugsweisen Nachdrucks, der fotomechanischen Wiedergabe (einschließlich Mikrokopie) sowie der Auswertung durch Datenbanken oder ähnliche Einrichtungen, vorbehalten.

Impressum:

Copyright © 2008 GRIN Verlag, Open Publishing GmbH
Druck und Bindung: Books on Demand GmbH, Norderstedt Germany
ISBN: 9783640642014

Dieses Buch bei GRIN:

http://www.grin.com/de/e-book/152082/aufbau-eines-kennzahlensystems-zur-fuehrung-und-entwicklung-der-mitarbeiter

Christian Bonack

Aufbau eines Kennzahlensystems zur Führung und Entwicklung der Mitarbeiter

Erhöhung der Eigenverantwortung durch Führung mit Kennzahlen

GRIN Verlag

GRIN - Your knowledge has value

Der GRIN Verlag publiziert seit 1998 wissenschaftliche Arbeiten von Studenten, Hochschullehrern und anderen Akademikern als eBook und gedrucktes Buch. Die Verlagswebsite www.grin.com ist die ideale Plattform zur Veröffentlichung von Hausarbeiten, Abschlussarbeiten, wissenschaftlichen Aufsätzen, Dissertationen und Fachbüchern.

Besuchen Sie uns im Internet:

http://www.grin.com/

http://www.facebook.com/grincom

http://www.twitter.com/grin_com

Erhöhung der Eigenverantwortung durch Führung mit Kennzahlen

Aufbau eines Kennzahlensystems zur Führung und Entwicklung der Mitarbeiter

durch Erhöhung der Eigenverantwortung

am Beispiel der Organisationseinheit „Kreditorische Rechnungsprüfung"

Master Thesis zur Erlangung des akademischen Grades

Master of Science

im Universitätslehrgang

Professional MSc

Strategie, Technologie und ganzheitliches Management 3

von

Christian Bonack, Eching

Department für Governance & Public Administration

an der Donau-Universität Krems

Krems, 27.08.2008

ABSTRACT

Die Menschheit lebt in einer Zeit, in der immer häufiger die Rede von knappen Ressourcen ist. Damit ist nicht lediglich die begrenzte Verfügbarkeit von Energie und Rohstoffen gemeint, sondern es geht vielmehr um die optimale Gestaltung von Prozessen sowie um eine bestmögliche Nutzung der zur Verfügung stehenden Arbeitszeit um im globalen Wettbewerb weiterhin erfolgreich tätig sein zu können. Ziel dieser Master Thesis ist es zu untersuchen, ob, unterstützt durch eine Führung mit Kennzahlen, die Prozessperformance durch eine erhöhte Eigenverantwortung der Mitarbeiter verbessert werden kann, indem diese mehr Verantwortung übernehmen und eine höhere Eigenständigkeit entwickeln können.

Die Untersuchung sowie die Entwicklung eines Praxismodells erfolgen am Beispiel der Kreditorischen Rechnungsprüfung der BMW AG. Betrachtet werden zunächst die Aufgaben des Personalmanagements sowie Bereiche der Personalführung. Im weiteren Verlauf werden die Aufgaben und die Verantwortung in der Mitarbeiterführung erneut im Kontext mit Delegation von Verantwortung dargestellt. Anschließend wird konkret die Entwicklung eines Kennzahlensystems dargestellt, mit dessen Hilfe die Mitarbeiter und die Führungskräfte ihre Arbeitsprozesse effizienter gestalten können.

Der Autor kommt im Verlauf dieser Arbeit zu dem Ergebnis, dass eine Erhöhung der Eigenverantwortung in Verbindung mit der Führung durch Kennzahlen grundsätzlich möglich sein sollte. Dennoch sollten die Kennzahlen nicht als alleiniges Steuerungsinstrument dienen; vielmehr ist es erforderlich durch in diesem Zusammenhang einzuleitende Organisationsentwicklungsmaßnahmen eine weitgehende Partizipation der Mitarbeiter herzustellen, was letztlich auch den geänderten Rahmenbedingungen und den Bedürfnissen der Mitarbeiter gerecht werden wird.

DANKSAGUNGEN/WIDMUNGEN

Mein ganz persönlicher Dank gilt meinen Söhnen für ihre Rücksichtnahme und für den Verzicht auf viele gemeinsame Stunden.

Christian Bonack

INHALTSVERZEICHNIS

1 EINLEITUNG 1

1.1 Problemstellung 1

1.2 Zielsetzung 2

1.3 Ausgangssituation 3

1.4 Aufbau der Arbeit 4

2 PERSONALMANAGEMENT UND PERSONALFÜHRUNG 6

2.1 **Personalmanagement** 6
   2.1.1 Prozessaufgaben 9
   2.1.2 Entwicklungsaufgaben 10

2.2 **Mitarbeiterführung** 13
   2.2.1 Führen mit Zielen / mit Auftrag 14
   2.2.2 Zielvorgaben & Zielvereinbarung 16
   2.2.3 Zielvereinbarungssysteme (BSC & EFQM) 19
   2.2.4 Führungsdisziplin 25
   2.2.5 Sich selbst führen 29
   2.2.6 Mitarbeiterzufriedenheit 30
   2.2.7 360°-Feedback 32

2.3 **Leistungsförderung und Leistungskontrolle** 34
   2.3.1 Arbeitsmenge und Arbeitsqualität 35
   2.3.2 Leistungsanpassung und Leistungsoptimierung 36
   2.3.3 Leistungsziele und Kontrolle der Zielerreichung 37

2.4 **Fazit und Vorschau** 38

3 DELEGIERTE VERANTWORTUNG, TEAM- UND EIGENVERANTWORTUNG 40

3.1 Delegation von Verantwortung (im Unternehmen) 40
   3.1.1 Partizipation und „Kollektivismus" 41
   3.1.2 Praktizieren von geteilter Verantwortung 43

3.2 **Teamverantwortung / Führen im Team** 46
   3.2.1 Wissen 46
   3.2.2 Teamfähigkeit 47
   3.2.3 Methoden Modell 48
   3.2.4 In Systemen denken 48

3.3 **Perspektiven der Eigenverantwortung** 49

3.4 **Eigenverantwortung in Unternehmen** 51

3.5 **Fazit und Vorschau** 53

4 KENNZAHLEN (KEY PERFORMANCE INDICATORS) 55

4.1 **Klassifikation und Funktionen von Kennzahlen** 56

4.2 **Leistungsmessung** 58

4.3 **Grenzen des Arbeitens mit Kennzahlen** 60

4.4 **Allgemeine Kennzahlensysteme** 62
   4.4.1 Balanced Scorecard 66
   4.4.2 Six Sigma 70
   4.4.3 EFQM 74
   4.4.4 Management-Führungsinformationssystem 77

4.5 **Prozesskennzahlen** 78

4.6 **Kennzahlen zur Personalführung** 80

4.7 **Führung mit "System"**	81
4.7.1 Führung mit Kennzahlen und Kennzahlensystemen	82
4.7.2 Reflexionsorientiertes Controlling	85
4.7.3 Reaktanz im Kontext des Reflexionsorientierten Controlling	87
4.8 **Fazit und Vorschau**	89

5 ENTWICKLUNG EINES PRAXISMODELLS 91

5.1 **Problemstellung**	91
5.2 **Prozesse der Kreditorischen Rechnungsprüfung**	92
5.2.1 Frachtgutschriftverfahren	94
5.2.2 Rechnungsprüfung	95
5.2.3 Prozesspartner / Schnittstellen	96
5.3 **Planungsphase**	97
5.3.1 Analyse aktives Frachtgutschriftverfahren	98
5.3.2 Analyse Rechnungsprüfung	99
5.3.3 Auswahl des Pilot-Teams	100
5.3.4 Analyse des Volumens für das Pilot-Team	101
5.3.5 Auswahl der Mitarbeiter für das Pilot-Team	105
5.4 **Entwicklung eines Kennzahlensystems für die Rechnungsprüfung**	106
5.4.1 Auswahl einer Kennzahlensystembasis	107
5.4.2 Kennzahlen-Scorecard	107
5.4.3 Finanzielle Anforderungen	109
5.4.4 Prozessperspektive	111
5.4.5 Kunden- & Lieferantenanforderungen	114
5.4.6 Mitarbeiterperspektive	118
5.5 **Erkenntnisse und Konsequenzen**	123
5.5.1 Änderungsbedarf im Fachbereich	123
5.5.2 Umorganisation im Unternehmen	124
5.5.3 Planung einer neuen Funktion "Controlling"	125
5.5.4 Auswahl des Führungsstils	125

5.5.5	Erhöhung / Stärkung der Eigenverantwortung	126
5.5.6	Teambuilding	126
5.5.7	360°-Feedback	127
5.5.8	Möglicher Ablaufplan für das Projekt des Praxismodells	128
5.5.9	Erfolgsmessung und Ziele	128
5.6	Fazit und Vorschau	130

6 ANWENDUNGSEMPFEHLUNG 132

6.1	Validierung	132
6.2	Praktikabilität und Wirtschaftlichkeit im Unternehmen	132
6.3	Lösungsansätze im Detail	133
6.4	Weitere Entwicklungspotenziale	135
6.5	Kritische Betrachtung	137
6.5.1	Interpretation der Ergebnisse	137
6.5.2	Verbesserungspotenziale	139
6.6	Fazit	141

7 ZUSAMMENFASSUNG 142

8 ANHANG A

8.1	Literatur- und Quellenverzeichnis	A

ABBILDUNGSVERZEICHNIS

Abbildung 1: Führungs-Scorecard 20

Abbildung 2: EFQM-Modell für Excellence 22

Abbildung 3: Zielvereinbarungssystem auf Basis des EFQM-Systems 23

Abbildung 4: 360°-Feedback-Gespräch 33

Abbildung 5: RoI-Rechensystem nach Du Pont 63

Abbildung 6: Ordnungssystem 63

Abbildung 7: Balanced Scorecard als Rahmen zur Umsetzung einer Strategie ... 67

Abbildung 8: Strategischer Handlungsrahmen der Balanced Scorecard 69

Abbildung 9: Der konzeptionelle Rahmen von Six Sigma 73

Abbildung 10: Drei Säulen des TQM im Zusammenhang mit dem EFQM-Modell 76

Abbildung 11: Prozesskennzahlen 79

Abbildung 12: Arbeiten mit Kennzahlen 83

Abbildung 13: Führungsunterstützung im Unternehmen 86

Abbildung 14: Frachtabrechnung im Frachtgutschriftverfahren 99

Abbildung 15: Scorecard für die Transportkostenabrechnung FR-234 108

Abbildung 16: Abrechnung, Vorgänge, Kosten 110

Abbildung 17: Rückstellungsstruktur 110

Abbildung 18: Durchlaufzeit 112

Abbildung 19: Verzugsquote 112

Abbildung 20: Reklamationsquote 113

Abbildung 21: Vorgangseffizienz 113

Abbildung 22: Kundenzufriedenheit 115

Abbildung 23: Beanstandungsquote 116

Abbildung 24: DFÜ-Rückstandsquote 116

Abbildung 25: Korrektur-Rückstandsquote 117

Abbildung 26: Werksdatenquote 117

Abbildung 27: Leistungsbestätigung 118

Abbildung 28: Einreichung Verbesserungsvorschläge 119

Abbildung 29: Realisierung Verbesserungsvorschläge 119

Abbildung 30: Krankheitsquote 120

Abbildung 31: Weiterbildungszeit in Tagen je Mitarbeiter 120

Abbildung 32: Überstundenquote 121

Abbildung 33: Beschäftigungsdauer in Jahren 121

Abbildung 34: Durchschnittsalter der Mitarbeiter 122

Abbildung 35: Projekt-Ablaufplan 128

TABELLENVERZEICHNIS

Tabelle 1: Entwicklungsphasen der Personalarbeit 7

Tabelle 2: Six-Sigma-Fehlerniveau und Qualitätskosten 71

Tabelle 3: Kapazitätsbewertung FR-234-Fracht 103

Tabelle 4: Vorgangsbewertung DHL 104

Tabelle 5: Mitarbeiterbetrachtung DHL-Verteilung IST 104

Tabelle 6: Datenabgleich DFÜ-Daten / Werksdaten 140

ABKÜRZUNGSVERZEICHNIS

BMW AG	Bayerische Motoren Werke Aktien Gesellschaft
DFÜ	Daten-Fernübertragung
ERM	Employee Relationship Management
FGV	Frachtgutschriftverfahren
FTE	Full Time Equivalent
FTP	File Transfer Protocol
HRM	Human Resource Management
JIT	Just in Time
JIS	Just in Sequence
KOR	Korrektur
PMS	Performance Measurement System
RP	Rechnungsprüfung
TRP-RTS	Transport Record and Transmission System
USA	United States of America
ZA	Südafrika

1 Einleitung

Die Leistung der Mitarbeiter hat einen wesentlichen Anteil am Erfolg eines Unternehmens. Begriffe wie "Kennzahlen", "Effizienz" und "Kosten" sind gleichermaßen bekannt wie "Führungsverantwortung" und "Eigenverantwortung". Diese Begriffe mit Messgrößen zu unterlegen und die dahinter stehenden Leistungen zu beurteilen und nach Möglichkeit zu erhöhen, stößt in administrativen Bereichen immer wieder auf Probleme. Ein solcher Bereich ist die bei der BMW AG, dem Arbeitgeber des Autors, eingerichtete Kreditorische Rechnungsprüfung.

Bei der Kreditorischen Rechnungsprüfung handelt es sich um eine Abteilung mit dem Kurzzeichen FR-23, die für die Vergütung der Lieferanten und Dienstleister zuständig ist. In der vorliegenden Master Thesis liegt der Schwerpunkt der Betrachtung auf der Gruppe „Transportkostenabrechnung und Transportschadensabwicklung", die als Organisationseinheit in Form einer Gruppe das Kurzzeichen FR-234 trägt. Hinsichtlich der Linienfunktion wird die Abteilung FR-23 in der Hauptabteilung FR-2 (Rechnungswesen) geführt und ist zusammen mit dem Bereich FR (Konzernberichtswesen) dem Finanzressort (F) der BMW AG zugeordnet.

1.1 Problemstellung

Im Produktionsbereich verschiedenster Branchen ist es üblich, die Leistung der Mitarbeiter, die Qualität der produzierten Güter und den Ist-Zustand der Produktion mit Hilfe von Kennzahlen zu messen und zu bewerten, um diese anschließend in Kennzahlensystemen darstellen zu können.

In den Fertigungsstätten der BMW AG gibt es unter anderen folgende Kennzahlen:

- Durchlaufzeit
- Termintreue
- Fehlerquote

- Stückzahl

Im Finanzbereich, speziell in der Rechnungsprüfung, sind diese Kennzahlen weitaus schwieriger darzustellen. Es stehen zwar Vorgangszahlen und Durchlaufzeiten zur Verfügung, jedoch stehen diese derzeit nicht im Zusammenhang mit der Leistungsbeurteilung der Mitarbeiter und dienen derzeit auch nicht als Führungsinstrument. Die Kennzahlen müssten hierzu in einem sinnvollen Zusammenhang stehen, sich gegenseitig ergänzen und den aktuellen Soll- und Ist-Zustand widerspiegeln. Anhand des Ist-Zustands kann anschließend die Zielerreichung sowie die Entwicklung gemessen werden.

1.2 Zielsetzung

Da, ebenso wie in anderen Bereichen, auch die Effizienz der Rechnungsprüfung erhöht werden soll, müssen sämtliche Leistungsprozesse innerhalb der Rechnungsprüfung auf Wirtschaftlichkeit, Effektivität sowie Effizienz überprüft und gegebenenfalls neu definiert bzw. organisiert werden. Dazu sollen die Mitarbeiter in kleinen organisatorischen Einheiten (Teams) neu strukturiert werden und als autonome Teams die Verantwortung für einen zuvor definierten Prozess übernehmen.

Parallel dazu soll ein Kennzahlensystem entwickelt werden, das sowohl dem Team als Leistungskontrolle bzw. zur Messung der Zielerreichung dient als auch der Führungskraft jederzeit einen Überblick über den Ist-Zustand ermöglicht. Es ist wichtig, dass die Ziele und Kennzahlen zuvor genau definiert werden, um den Mitarbeitern die Möglichkeit der Kontrolle bzw. der Steuerung dieser zu ermöglichen. Auf diese Weise soll auf externe und interne Einflussfaktoren schnell und flexibel reagiert werden können, und durch das Kennzahlensystem die Eigenständigkeit und die Eigenverantwortung der Mitarbeiter erhöht werden.

Im Detail soll eine objektive Messung und Darstellung folgender Werte realisiert werden:

- Qualität und Kosten
- Volumen und Kapazität

- Wertschöpfung, Effizienz und Produktivität

Die Transparenz und Nachvollziehbarkeit soll folgende Punkte beinhalten:

- Leistungsstand
- Zielvereinbarung
- Entwicklung

Es ergeben sich folgende Fragen:

Ist es möglich, ein geeignetes Kennzahlensystem zu entwickeln und in Kombination mit dem passenden Führungsstil dadurch die Eigenverantwortung der Mitarbeiter nachhaltig zu erhöhen?

Kann auf diese Weise mehr Verantwortung und Entscheidungsfreiheit auf die operative Ebene übertragen werden?

Kann dadurch eine nachhaltige Steigerung der Effizienz und Produktivität erreicht werden?

1.3 Ausgangssituation

Der Kosten- und Leistungsdruck nimmt in der Automobilindustrie auch im so genannten „Premium Segment" ständig weiter zu. Aus diesem Grund werden nicht nur aus dem Produktionsbereich, sondern auch aus dem administrativen Bereich immer exaktere Werte sowie Effizienzsteigerungen dieser Bereiche gefordert. Prozessabläufe und Qualität bieten auch in der Rechnungsprüfung Möglichkeiten die Effizienz zu steigern und die Kosten zu senken.

Im Finanzbereich gibt es, ähnlich wie im Produktionsbereich, „Lieferanten" und „Kunden". Als Lieferanten gelten beispielsweise die Produktionswerke und Transportdienstleister, als Kunden werden nachgelagerte Prozesspartner sowie im Besonderen die obere Führungsebene im Finanzressort betrachtet, welche bei BMW im Rahmen des Berichtswesens kontinuierlich mit aktuellen Informationen versorgt werden müssen.

Zu jedem Monatsabschluss stellt sich die Frage: Wie ist der Ist-Zustand bzw. wo stehen wir aktuell? Ähnlich verhält es sich mit der Mitarbeiterführung. Vor jeder Leistungsbeurteilung gilt es festzustellen, wie sich die Leistung der Mitarbeiter über einen gewissen Zeitraum entwickelt hat.

Beide Fragen stehen auch im Finanzbereich in engem Zusammenhang. Allerdings gibt es hier keine Produktionsstückzahlen oder Qualitätsmessgrößen.

Besteht die Möglichkeit, über ein Kennzahlensystem beide Anforderungen abdecken zu können und kann hieraus mit dem geeigneten Führungsstil dem Mitarbeiter ein Werkzeug zur Erhöhung der Eigenverantwortung zur Verfügung gestellt werden? Das System kann dann, unabhängig von der Automobilindustrie, in vielen Branchen zur Anwendung kommen.

1.4 Aufbau der Arbeit

Die Arbeit wird vorwiegend aus drei Themenblöcken bestehen.

Im ersten Block werden aus dem Bereich Personalmanagement die Punkte Personalführung und Personalentwicklung erläutert. Dabei wird untersucht werden, welcher Führungsstil sich für die Themenstellung am besten eignet.

Im Zusammenhang mit Delegation von Verantwortung sowie Teamverantwortung soll im zweiten Teil das Thema Eigenverantwortung erläutert werden.

Der dritte Schwerpunkt beschäftigt sich mit Kennzahlensystemen wie z. B. EFQM, Balanced Scorecard, Six Sigma sowie mit einem Management-Informationssystem. Es soll herausgearbeitet werden, welches System sich am besten mit dem dazu passenden Führungsstil kombinieren lässt.

Anschließend soll untersucht werden, ob sich die Ziele des Unternehmens über das Kennzahlensystem auf die Ziele des Teams / Mitarbeiters projizieren lassen und ob sich ein Kennzahlensystem zur Erhöhung der Eigenverantwortung tatsächlich eignet. Das Kennzahlensystem soll zudem eine 360°-Kommunikation ermöglichen. Chancen und Risiken, Vorteile und Nachteile sowie Grenzen sollen untersucht, abgewogen und aufgezeigt werden.

Die Arbeit wird keine vollständige Umsetzung des Kennzahlensystems sowie der angestrebten Prozessanpassungen beinhalten, sondern sich auf die Erarbeitung eines Praxismodells beschränken und Vorschläge zur Umsetzung unterbreiten.

2 Personalmanagement und Personalführung

2.1 Personalmanagement

Im Bereich des Personalmanagements geht es vornehmlich um Menschen und um Personal. Helmut Kasper und Wolfgang Mayrhofer erläutern den Unterschied zwischen Menschen und Personal folgendermaßen: „Personal besteht immer aus Menschen, aber nicht alle Menschen sind Personal, und Menschen, die Personal sind, sind dieses nicht immer".[1]

Peter F. Drucker gilt als der Mann, der eine wegweisende Definition des Begriffs "Management" vorlegte. Seit den 40er-Jahren bis ins 21. Jahrhundert beschäftigte er sich mit Management und Strukturen vieler Weltkonzerne. Seine Philosophie über Management lautet wie folgt: „Management hat vorrangig etwas mit Menschen zu tun, nicht mit Techniken und nicht mit Arbeitsabläufen. Es ist das Engagement der Menschen, das wirklich zählt".[2]

In der wissenschaftlichen Fachliteratur wird „Management" als englisch-amerikanische Bezeichnung für Führung definiert. Management umfasst in diesem Sinn Vorgänge der Planung, Umsetzung, Kontrolle und Steuerung.[3] Diese Vorgänge werden in der englischsprachigen Fachliteratur (der sich die deutschsprachige zunehmend annähert) dem „Manager" zugeordnet, das „Führen" von Personal wird mit dem Begriff „Leadership" umschrieben, wobei ein „Leader" nicht ohne Managementfunktionen bzw. Managementfähigkeiten und ein Manager nicht ohne Führungsfähigkeiten auskommen wird. Wie weiter unten erläutert, kann man diese Unterscheidung auch als den Gegensatz zwischen instrumentellen und Entwicklungsaspekten charakterisieren.

---

[1] Kasper, Mayrhofer, 2002, S. 364.
[2] Haas, 2007, S. 31.
[3] Vgl. Olfert, 1997, S. 586.

Christian Scholz unterteilt die historische Entwicklung der Personalarbeit in der Praxis in sechs Phasen. Die folgende Tabelle 1 soll eine Übersicht über die Entwicklungsphasen geben.[4]

	Entwicklungsphasen	Exemplarische Schwerpunkte
Bis 1960	Personalverwaltung	Abrechnung, Mitbestimmung
Ab 1960	Personalstrukturierung	Institutionalisierung, Personalplanung
Ab 1970	Personalentwicklung	Personalaktivierung, Karriereplanung
Ab 1980	Personalstrategie	Wertschöpfung durch Personalarbeit
Ab 1990	Personalinterfunktionalität	Verbesserung der Wettbewerbsposition
Ab 2000	Personalkompetenzintegration	Personal-Professionalisierung, -Vision

Tabelle 1: Entwicklungsphasen der Personalarbeit
Quelle: Scholz, 2000, S. 33 (verändert).

Im Rahmen dieser Master Thesis erfolgt in Bezug auf das Personalmanagement und die Personalführung eine Trennung zwischen Prozessaufgaben und Entwicklungsaufgaben. Im Mittelpunkt des Personalmanagements stehen zunächst Inhalte wie Personalstrategie, Personalwirtschaft und Personalorganisation. Im Englischen findet man dafür häufig die Bezeichnung "Human Ressource Management". Für das Management der Ressource „Personal" als Gesamtheit der Mitarbeiter bedarf es einer Reihe von Geschäftsprozessen und Instrumenten, wie z. B. Stellenplanung, Rekrutierung, Gehaltsfindung, Arbeitsplatzbewertung und Beurteilungssysteme. Bezogen auf einen einzelnen Mitarbeiter oder auf ein enger umgrenztes Team liegt das richtige Management dieser Ressource in der Verantwortung eines Vorgesetzten. Davon, dass er diese Führungsverantwortung richtig ausübt, hängen die Entwicklung jedes einzelnen seiner Mitarbeiter ebenso ab wie das Arbeitsergebnis seiner Abteilung und dessen Optimierung: Leitet er seine Mitarbeiter richtig an, motiviert er sie; erarbeitet er gemeinsam mit ihnen

---

[4] Vgl. Scholz, 2000, S. 33.

Ziele und fördert er ihre Kenntnisse, steigt ihre Leistung (und damit die seiner Abteilung). In den nun folgenden Unterpunkten werden diese Personalentwicklungsaufgaben und die instrumentellen Aspekte kurz beschrieben.

2.1.1 Prozessaufgaben

Zu den Prozessaufgaben im Personalmanagement und in der Personalführung zählen die so genannten instrumentellen Aspekte. Hierzu zählen vor allem folgende Punkte:

- Personalplanung / Stellenplanung
- Personalbeschaffung / Personalauswahl
- Personaleinsatz / Stellenbesetzung
- Personalentlohnung...

Die Liste würde sich noch erheblich erweitern und vertiefen lassen. Nicht zuletzt gehört auch die Personalfreistellung zu den Prozessaufgaben im Personalmanagement.

In der Fachliteratur sind hierzu ebenfalls Aufzeichnungen zu finden. So fasst Klaus Olfert unter Personalmanagement die Funktionen wie Personalleitung und Personalsteuerung zusammen. Es erfolgt eine instrumentelle Betrachtung der Mitarbeiter.[5]

Gleichermaßen heben Helmut Kasper und Wolfgang Mayrhofer die spezifischen Besonderheiten des Personals gegenüber anderen Produktionsfaktoren hervor. „In der Management- bzw. Arbeitgeberperspektive geht es um die instrumentelle Nutzung des Personals; für die Organisation „mitgekauft" [!] wird jedoch der Mensch als Ganzheit mit physischen, psychischen und kognitiven Eigenschaften, der Gefühle hat und sich von ihnen beeinflussen lässt, der Stimmungen unterworfen ist, der gesund oder krank sein kann. Dadurch unterscheidet sich Personal von Maschinen, Rohstoffen, Fertigwaren und Kapital".[6]

Das Personalmanagement hat primär den Prozessauftrag, dass Unternehmen mit geeigneten Mitarbeitern zu versorgen. Hierbei gilt es, dem Unternehmen ausreichend Personal mit bestmöglicher Qualifizierung zur Verfügung zu stellen.

---

[5] Vgl. Olfert, 2006, S. 24.
[6] Kasper, Mayrhofer, 2002, S. 364.

In der jüngeren Vergangenheit war oft die Rede vom Fachkräftemangel. Dies begann nach der Jahrtausendwende im Bereich der IT-Branche. In der Gegenwart lassen Stellenausschreibungen und Berichte in den Medien erkennen, dass ein Mangel an Ingenieuren in Deutschland vorliegt. Kasper und Mayrhofer nennen dies ein Verfügbarkeitsproblem. Die Unternehmen reagieren hierauf mit Rekrutierungs- und Bindeaktivitäten, die staatlichen Organisationen versuchen durch institutionelle Regelungen wie zum Beispiel die Einführung der so genannten "Green Card" dem Trend entgegenzuwirken.[7]

2.1.2 Entwicklungsaufgaben

Wie im Punkt 2.1.1 erläutert gibt es in einigen Branchen in Deutschland bereits Probleme dahin gehend, dass das Personalmanagement dem Unternehmen nicht mehr ausreichend Fachkräfte bzw. Personal (Menschen) zur Verfügung stellen kann. Dies liegt zum Teil daran, dass sich gut ausgebildete und hoch qualifizierte Mitarbeiter den Arbeitgeber gewissermaßen aussuchen können. Umso mehr wird es für die Unternehmen wichtig zu erkennen, dass im Hinblick auf das Personal grundsätzlich die Unternehmensziele und die Ziele der Mitarbeiter übereinstimmen müssen. Die Unternehmen haben das Ziel, optimal mit Mitarbeitern versorgt zu sein, der Mitarbeiter hingegen hat das Interesse, vom Unternehmen „versorgt" zu werden. Hierzu zählen zum Beispiel Sicherheit, Entlohnung sowie Unterstützung bei Problemen und der persönlichen Entwicklung. Für die Unternehmen ist es somit unerlässlich, die jeweiligen Mitarbeiterbedürfnisse zu berücksichtigen.

Zu den Entwicklungsaufgaben gehört folglich, dass die vorhandenen Personalressourcen optimal entwickelt werden. Die eventuell bestehende Lücke zwischen Bedarf an Qualifikation für Zwecke der betrieblichen Leistungserstellung einerseits, und den vorhandenen Qualifikationen der Mitarbeiter andererseits gilt es durch Entwicklungsmaßnahmen zu verringern.[8]

Dies beginnt mit der Mitarbeiterausbildung und beinhaltet die Weiterbildung, Schulung sowie die Umschulung. Ziel ist es den Mitarbeiter soweit zu

---

[7] Vgl. Kasper, Mayrhofer, 2002, S. 365.

[8] Vgl. ebenda, S. 381.

"entwickeln", dass er seine Fähigkeiten, Fertigkeiten und Kenntnisse bestmöglich einsetzen und somit einen wesentlichen Beitrag zum Unternehmenserfolg leisten kann.

An dieser Stelle müssen erneut die Mitarbeiterbedürfnisse angesprochen werden. Über die jeweiligen Personalentwicklungsmöglichkeiten erhält der Mitarbeiter die Chance sich zum einen weiterzubilden, aber ebenso die Möglichkeit sich innerhalb des Unternehmens weiterzuentwickeln und somit eine attraktivere bzw. besser dotierte Aufgabe zu übernehmen. Dabei wird es dem Mitarbeiter darum gehen die Bedürfnisse zu befriedigen, die ihm in seiner Situation und seinem Umfeld wichtig erscheinen. Hier hat auch heute noch die von Maslow geprägte Bedürfnishierarchie ihre Gültigkeit. Scholz betont im Zusammenhang mit der Personalführung die Bedeutung der fünf Bedürfnisschichten nach Maslow, der inzwischen hinlänglich bekannten hierarchischen Motive, die in der folgenden Tabelle 2 dargestellt sind.[9]

Selbstverwirklichungsbedürfnisse
Bedürfnis nach Entfaltung der eigenen Persönlichkeit (self-actualization needs)
Wertschätzungsbedürfnisse
Anerkennung durch andere Personen (ego needs), Selbstvertrauen
Zugehörigkeitsbedürfnisse
Kontakt mit anderen Personen und Gruppen (social needs)
Sicherheitsbedürfnisse
Schutz vor Krankheit, Sicherung des Erreichten (safety needs)
Physiologische Bedürfnisse
Selbst- und Arterhaltung, Hunger, Durst, Bewegung (physiological needs)

Tabelle 2: Die Bedürfnisschichten nach Maslow
Quelle: Scholz, 2000, S. 878 (verändert).

---

[9] Vgl. Scholz, 2000, S. 878.

Eine weitere Herausforderung für die Unternehmen in Deutschland stellt sicherlich die demografische Entwicklung des Landes dar. Aufgrund der älter werdenden Belegschaft rücken die Bedürfnisse der Mitarbeiter und der daraus resultierende Personalentwicklungsbedarf weiter in den Vordergrund. Die Arbeitsprozesse müssen den Möglichkeiten der älteren Mitarbeiter angepasst werden und die Mitarbeiter müssen sich gegebenenfalls neuen Tätigkeiten zuwenden. Diese Themenstellung liegt aber außerhalb des Rahmens dieser Master Thesis.

Ein weiterer Begriff, der zumindest kurz angesprochen werden sollte, ist aus Sicht des Autors das "Employee Relationship Management" kurz ERM.

„Employee Relationship Management ist eine Strategie, um die für ein Unternehmen wertvollsten Mitarbeiter auszuwählen und dem Unternehmen zu erhalten. Das Ziel ist eine hohe Anzahl engagierter, loyaler Mitarbeiter".[10]

Im Zusammenhang mit dem Toyota-Produktionssystem wurde die Kaizen-Methode bekannt, die im Westen als Kontinuierlicher Verbesserungsprozess, kurz KVP, eingeführt wurde. Der interne Kunde, der in Summe das Humankapital eines Unternehmens ausmacht, erhält immer mehr Beachtung.[11]

Viele Unternehmen bezeichnen in der Öffentlichkeit ihre Mitarbeiter als das wichtigste Gut bzw. als die wichtigste Ressource im Unternehmen. Die Mitarbeiter müssen somit, wie die wichtigsten Kunden und Lieferanten, als „Stakeholder" eines Unternehmens betrachtet werden. Wird die Beziehung zu den „Stakeholders" richtig gestaltet, kann das Unternehmen erfolgreich wirtschaften. Unternehmenserfolg und Mitarbeiterzufriedenheit sind also nicht als konträre Ziele zu sehen. Die Mitarbeiterführung kann maßgeblich zur Mitarbeiterzufriedenheit beitragen und somit ihren Beitrag zum Unternehmenserfolg leisten, was im Folgenden näher erläutert wird.

---

[10] Stotz, 2007, S. 22.
[11] Vgl. ebenda, S. 20f.

2.2 Mitarbeiterführung

Der Begriff "Mitarbeiterführung" soll in Worte fassen, was das Zusammenwirken von Personen und Gruppen, genauer gesagt von Mitarbeitern und Vorgesetzten, ausmacht. Klaus Olfert beschreibt Führung als einen Prozess, der darauf ausgerichtet ist, das Verhalten der Mitarbeiter eines Unternehmens zielorientiert zu beeinflussen.[12]

„Führen hieß früher: Jemanden dazu bringen, das zu tun, was er tun soll".[13] Gegenwärtig ist die Definition eine andere. Klaus Olfert definiert den Begriff "Führung" als einen sozialen Beeinflussungsprozess, bei dem eine Führungskraft versucht Mitarbeiter zur Erfüllung gemeinsamer Aufgaben und Erreichung gemeinsamer Ziele zu veranlassen.[14]

Eine ebenfalls gut verständliche Erläuterung nennt Hartmut Laufer: „Mitarbeiterführung bedeutet, Mitarbeitern die Orientierung auf die Arbeitsziele zu geben sowie sie auf dem Weg dorthin zu ermutigen und zu unterstützen".[15]

Zum Thema Mitarbeiterführung wurden in der Fachliteratur unzählige Bücher mit vielfältigen Führungsansätzen und Führungstheorien veröffentlicht. Die vorliegende Master Thesis versucht, sich auf die ihrem Ziel entsprechenden relevanten Führungsmodelle zu beschränken und das für die These relevante Modell herauszuarbeiten.

Eine grobe Unterteilung kann zwischen universellen und situativen Theorien erfolgen. Kasper und Mayrhofer beschreiben den universellen Führungsstil als eine Art besten Weg der Führung, der in beliebigen Situationen erfolgreich eingesetzt werden kann. Die Vertreter der situativen Theorie gehen hingegen davon aus, dass eine effektive Führung von der jeweiligen Führungskraft abhängt und davon, ob deren Verhalten und die jeweilige Situation aufeinander abgestimmt sind.[16]

---

[12] Vgl. Olfert, 2006, S. 211.
[13] Frese, 1990, S. 11.
[14] Vgl. Olfert, 2006, S. 159.
[15] Laufer, 2007, S. 17.
[16] Vgl. Kasper, Mayrhofer, 2002, S. 161.

Führungskräfte nehmen demnach eine Schlüsselfunktion innerhalb eines Unternehmens ein. Aufgrund des zunehmenden Kostendrucks, gerade auch im Personalkostensektor, werden die Unternehmen sukzessive schlanker, wodurch die Aufgaben und die Verantwortung, aber auch die Führungsspanne ständig zunehmen. Daraus entsteht eine Aufgabe im Bereich der Mitarbeiterführung, die als Managementtechniken Anfang der 50er-Jahre bekannt wurde. Häufig findet man in der Fachliteratur auch die Bezeichnungen „Managementprinzipien", „Führungstechniken", „Führungsstile" oder „Führungsprinzipien". Die Aufgabe der Managementtechniken ist unter anderem die Führungskräfte von Routinearbeiten zu entlasten und z. B. den Mitarbeiter mehr oder weniger kooperativ zu führen. Am geläufigsten ist in diesem Zusammenhang der Begriff "Management-by"-Techniken.[17] Die in der wissenschaftlichen Fachliteratur vordergründig genannten Führungstechniken sind:

- **Management by Objectives:** Management durch Zielvereinbarungen (wird im folgenden Punkt 2.2.1 ausführlicher dargestellt)
- **Management by Exception:** Führung durch Unterscheidung zwischen Routinefall und Sonderfall; die Führungskraft wird hierdurch im Bereich der Routinefälle maßgeblich entlastet
- **Management by Delegation:** Management durch Delegation; Kompetenzen und Handlungsverantwortung werden soweit als möglich auf den Mitarbeiter übertragen[18] (siehe hierzu Punkt 3)

2.2.1 Führen mit Zielen / mit Auftrag

Die zielorientierte Führung fällt in den Bereich des Managements by Objectives, welche 1955 von Peter F. Drucker als eine der ersten und sicherlich auch am weitesten verbreiteten Managementtechniken entwickelt wurde. Wie bereits eingehend angesprochen handelt es sich hierbei um eine Führungstechnik, die den Schwerpunkt im Führen durch Zielvereinbarungen sieht. Drucker erläutert diese Technik wie folgt: „Die Arbeiter selbst definieren ihre Ziele, sie überdenken ihre

---

[17] Vgl. Olfert, 2006, S. 220.
[18] Vgl. Olfert, 2006, S. 243f.

Anbindung an die Ziele des Unternehmens und der Sparte oder Abteilung, der sie angehören, und diskutieren sie ausführlich mit dem Management. Danach einigen sich das Management und der Mitarbeiter auf Leistungsziele, für deren Erreichung die Mitarbeiter sich engagieren".[19] Seither sind viele "Management-by"-Konzepte entstanden, wovon einige bereits wieder überholt sind.

Neuerdings wird jedoch in der betrieblichen Praxis wieder verstärkt über das Führen mit Zielen (Management by Objectives) gesprochen, was sicherlich mit den schlanker werdenden Strukturen innerhalb der Unternehmen in Zusammenhang steht.

Ein Weg, die Kosten in den Unternehmen stetig und nachhaltig zu senken, besteht darin, die Zahl der Führungskräfte zu reduzieren. Die Folge ist eine gestiegene Anzahl von Mitarbeitern, um die sich eine Führungskraft kümmern muss (eine größere „Führungsspanne"). Von den Vorgesetzten wird jedoch nach wie vor erwartet, dass sie für eine optimale Arbeitsleistung ihrer Mitarbeiter sorgen. Die Führungskräfte sind somit heutzutage noch stärker auf die Zuverlässigkeit ihrer Mitarbeiter angewiesen. Hartmut Laufer nennt in diesem Zusammenhang als obersten Führungsauftrag und als Führungsziel die Aufgabe, die Mitarbeiter zu unternehmerischem Denken und selbständigem Arbeiten zu führen.[20]

Eine Variante bietet hierbei die zielorientierte Führung, bei der die Vorgabe des Ziels als Auftrag zu verstehen ist. Klaus Olfert fasst den Auftrag in folgendem Satz zusammen: „Mit der Festlegung von Zielen verpflichtet der Vorgesetzte den Mitarbeiter zur Erfüllung einer Arbeitsaufgabe".[21] Durch diese Denkweise verlor die Führungstechnik „Management by Objectives" einen großen Teil ihrer Wirksamkeit als Mittel zur Entwicklung.

Heute werden In der Regel Ziele für ein Jahr vereinbart, sodass der Zielhorizont erkennbar ist. Grundsätzlich sollten mindestens drei und maximal fünf Ziele vereinbart werden. Auf diese Weise ist zum einen eine Zieldifferenzierung

---

[19] Drucker, 2007, S. 211.
[20] Vgl. Laufer, 2007, S. 22.
[21] Olfert, 2006, S. 222.

sichergestellt, und zum anderen wird eine Beliebigkeit der Ziele verhindert.[22] Es erfolgt jedoch eine Unterscheidung zwischen der reinen Zielvorgabe und der Führung nach Zielvereinbarung. Die Erläuterung zur Differenzierung erfolgt im nun folgenden Punkt.

2.2.2 Zielvorgaben & Zielvereinbarung

Auf den Begriff „Führen" wurde bereits einleitend eingegangen. Das Ziel hingegen kann übergeordnet für das Unternehmen definiert werden und wird meist aus der Unternehmensstrategie abgeleitet. Eine Zielbildung gibt es über alle Hierarchieebenen hinweg.

In der Führungsspitze der Unternehmen gibt es Ziel- und Strategiekonferenzen, aber auch für Projekte gibt es meist einen Auftrag bzw. ein fest definiertes Ziel.[23]

Ziele sind als Festlegung eines Zustandes zu definieren, den ein Mitarbeiter oder ein Unternehmen in der Zukunft erreichen soll. Meist werden Ziele mit Hilfe von Zahlen definiert. Ein einfaches Beispiel, das in diesem Zusammenhang genannt werden könnte, wäre:

"Steigerung des Umsatzes um 20 % im vierten Quartal 2008".

Dieser Auftrag lässt sich in drei Bereiche unterteilen. "Steigerung des Umsatzes" beschreibt den Inhalt des Ziels. Die Festlegung "um 20 %" definiert das Ausmaß der Steigerung. Die Definition "Im vierten Quartal 2008" legt den Zeitrahmen fest.[24]

Wie in der Überleitung von Punkt 2.2.1 erwähnt muss zwischen der reinen Zielvorgabe und der Zielvereinbarung unterschieden werden.

Das Führen durch Zielvorgabe stammt aus der frühen Phase der „Management-by-Objective"-Zeit. Die Führungskraft gab dem Mitarbeiter ein fest definiertes Ziel vor. Die Vorgabe erfolgte somit nach der so genannten "Top-Down"-Methode. Der Mitarbeiter hatte die Aufgabe das Ziel zu erreichen, wobei ihm der Weg zur

---

[22] Vgl. Becker, 2005, S. 367.

[23] Vgl. Schwaab, Bermann, Gairing, Kolb, 2002, S. 10.

[24] Vgl. Olfert, 2006, S. 222.

Zielerreichung weitestgehend freigestellt wurde. Gerade hierin bestand ein Nachteil, da nicht sichergestellt war, dass der Mitarbeiter zur Zielerreichung auch den besten Weg im Interesse des Unternehmens wählte.[25]

Die in der heutigen Zeit häufig angewandte Methode der Zielvereinbarung kombiniert die "Top-Down"-Methode mit der "Bottom-Up"-Methode: Der Mitarbeiter entwickelt selbständig ein Ziel und „trägt es nach oben" (zu seinem Vorgesetzten). Der Vorteil liegt sicherlich darin, dass eine tatsächliche Vereinbarung erfolgt. Mit dieser Managementtechnik erhalten die Mitarbeiter die Möglichkeit, ihre Selbständigkeit zu entwickeln, wodurch zusätzlich die Motivation gefördert werden kann. Ein weiterer positiver Effekt ergibt sich dadurch, dass der Führungskraft mehr Zeit für grundsätzliche Angelegenheiten gegeben bleibt.[26]

Wichtig für Zielvereinbarungen ist der Zeitbezug. Ähnlich wie im Bereich des Projektmanagements werden häufig Meilensteine in der Zielformulierung vereinbart, die dann als Zwischenziele zur Messung der Zielerreichung verwendet werden können.

Damit es tatsächlich zur Zielerreichung kommt, müssen folgende Punkte berücksichtigt werden:

- Die Ziele müssen immer eindeutig hinsichtlich Zeitrahmen, Inhalt und Umfang formuliert werden, damit Mitarbeiter und Führungskraft eine klare Vorstellung über die noch zu bewältigenden Aktivitäten haben.

- Die Ziele sollten so formuliert werden, dass diese erreichbar sind und nicht von vornherein zu Demotivation bzw. Frustration führen.

- Dem Mitarbeiter muss die Möglichkeit der Mitwirkung gegeben werden. Über die Ziele gibt es eine tatsächliche Vereinbarung.[27]

Die Betriebsräte melden hierbei häufig ihr Mitbestimmungsrecht an, welches ihnen aufgrund der Betriebsverfassungsgesetzte in Deutschland zumeist zusteht. So

---

[25] Vgl. Laufer, 2007, S. 55.
[26] Vgl. ebenda, S. 89.
[27] Vgl. Olfert, 2006, S. 222.

formuliert die IG-Metall unter anderen folgende Anforderungen, die im Zusammenhang mit Zielvereinbarungen unbedingt gegeben sein müssen:

- „Die zu vereinbarenden Ziele müssen erreichbar und zumutbar sein. Sie müssen von den Beschäftigten beeinflussbar sein und sich aus der Arbeitsaufgabe ergeben. Sie müssen nachvollziehbar und eindeutig beschreibbar sein".[28]

- „Die Ziele dürfen nicht einseitig vorgegeben, sondern müssen vereinbart werden".[29]

Das in der heutigen Zeit angewandte Konzept des „Management by Objectives" zeichnet sich indessen durch das hohe Maß an Partizipation des Mitarbeiters an den ihn betreffenden Entscheidungen aus.

Der Kerngedanke des Konzeptes besteht jedoch auch darin, dass die Leistung und die Effektivität der Mitarbeiter im Zusammenhang mit den erreichten Zielen gemessen werden können. Am Ende einer Leistungsperiode kann diese Information dann zur Leistungsbeurteilung bzw. Potenzialbeurteilung herangezogen werden.[30]

Grundsätzlich sollten bei Zielvereinbarungen zwei Zielarten berücksichtigt werden. Zum einen gibt es Sachziele, welche die Aufgaben definieren, die von einem Mitarbeiter erledigt werden sollten. Zusätzlich sollten Entwicklungsziele vereinbart werden, welche die Weiterentwicklung der Fähigkeiten des Mitarbeiters berücksichtigen oder den Erwerb einer neuen Qualifikation vorsehen.[31]

Becker nennt in diesem Zusammenhang die Bedeutung der Zielvereinbarungen für den Vorgesetzten. Der Umgang und die Handhabung bestimmen die Nachhaltigkeit und den Wert der Zielvereinbarung. Die Verantwortung für den Erfolg liegt hierbei bei der jeweiligen Führungskraft. Ähnlich wie in der Personalentwicklung gibt es

---

[28] IG-Metall, URL: http://www.igmetall-itk.de/files/infoblatt_zielvereinbarungen.pdf (01.06.2008).
[29] Ebenda.
[30] Vgl. Kasper, Mayrhofer, 2002, S. 473.
[31] Vgl. Laufer, 2007, S. 57.

auch bei der Zielvereinbarung zwei Interessengruppen. Zum einen möchte das Unternehmen eine Verbesserung der Leistung und der Zusammenarbeit, zum anderen soll auf diese Weise die persönliche Entfaltung der Mitarbeiter im Rahmen der Personalentwicklung unterstützt werden.[32]

Die Leistungs- und Potenzialbeurteilung sollte dann in der Regel ebenfalls in Abstimmung von Mitarbeiter und Vorgesetztem gemeinsam erfolgen. Dadurch wird dem Mitarbeiter die Möglichkeit gegeben, sich selbst und den jeweiligen Zielerreichungsgrad zu beurteilen, um anschließend das Ergebnis mit der Beurteilung des Vorgesetzten abzugleichen.

2.2.3 Zielvereinbarungssysteme (BSC & EFQM)

Wie bereits zuvor erwähnt wird dem Managementkonzept "Führen mit Zielen" (Management by Objectives) neuerdings mehr Aufmerksamkeit geschenkt. Zielvereinbarungen sind somit zu einem festen Bestandteil der Mitarbeiterführung geworden.

Die Interpretation des „Management by Objectives äußert sich bei der heute gebräuchlichen Variante sicherlich im "Führen durch Zielvereinbarungen", weniger im "Führen durch Zielvorgabe". Diese Entwicklung fällt auch mit der Tendenz zusammen, dass aufgrund des Einsparens ganzer Führungsebenen Lösungen gefunden werden mussten, welche die verbleibenden Führungskräfte unterstützen und zudem entlasten konnten.[33] Um in großen Unternehmen das Personalmanagement sowie die Führungskräfte mit Planungen und Zielvereinbarungen hinreichend unterstützen zu können, ist es also notwendig, ein Führungskonzept in einem Zielsystem zu integrieren. Auf diese Weise wird das Prinzip der Delegation von Verantwortung nachhaltig gefördert (siehe hierzu Punkt 3).

Der Ausgangspunkt für ein Zielvereinbarungssystem beim Personalmanagement könnte aus der Unternehmensstrategie abgeleitet werden. Die Reduktion der Personalkosten könnte ein Ziel aus personalwirtschaftlicher Sicht darstellen. Für

---

[32] Vgl. Becker, 2005, S. 367.
[33] Vgl. Laufer, 2007, S. 90.

einen bestimmten Bereich wäre eine Reduktion der Fehlzeiten auf unter 5 % eine mögliche Zielvereinbarung. Viele solcher Einzelziele können dann in einem umfassenden System ein Instrument der Unternehmensführung sein. Ein Zielvereinbarungssystem ist somit als kennzahlengestütztes Zielsystem für das Personalmanagement zu verstehen.[34] Sind in einem solchen Zielsystem die Einzelziele festgelegt, müssen Strategien gefunden werden, diese zu erreichen. Ein gutes Hilfsmittel, das den Erfolg solcher Strategien misst, ist die Balanced Scorecard. Die Balanced Scorecard, die unter Punkt 4 noch ausführlicher beschrieben wird, bietet in diesem Zusammenhang die Möglichkeit, das Personalmanagement in die Unternehmensplanung zu integrieren. Die folgende Abbildung zeigt eine Führungs-Scorecard, die ein Zielvereinbarungssystem darstellt, das die Leistung des Personalmanagements aus verschiedenen Perspektiven abbildet.

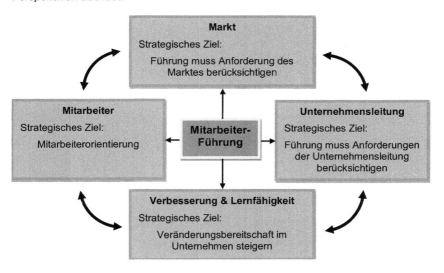

Abbildung 1: Führungs-Scorecard
Quelle: Bühner, 2005, S. 374 (eigene Darstellung).

---

[34] Vgl. Bühner, 2005, S. 372.

Rolf Bühner betrachtet die Mitarbeiterführung unter den vier Gesichtspunkten einer Scorecard, die in den so genannten Perspektiven "Marktorientierung", "Mitarbeiterorientierung", "Unternehmensleitung" sowie "Verbesserung und Lernfähigkeit" bestehen. Die Scorecard soll die Ansprüche der jeweiligen Perspektive an die Mitarbeiterführung zum Ausdruck bringen. So hat beispielsweise die Marktorientierung den Anspruch, dass die Anforderungen des Marktes wie Liefertreue, Qualität und Preis bereits in der Mitarbeiterführung berücksichtigt werden, damit die Mitarbeiter in der Lage sind, diese Kundenanforderungen (des Marktes) zu befriedigen.[35]

Gerade im Zusammenhang mit der Werteorientierten Unternehmensführung und den modernen unternehmensstrategischen Steuerungsinstrumenten wie der Balanced Scorecard oder der EFQM erhält das Managementkonzept „Führen mit Zielen" eine große Bedeutung.[36] Werteorientierte Unternehmensführung kann zweierlei bedeuten. Zum einen hat die Unternehmensführung das Ziel, den Wert des Unternehmens zu steigern, was einen Shareholder-Value-Ansatz verdeutlicht. Der Shareholder-Value-Ansatz wurde 1999 durch Alfred Rappaport geprägt. Sein betriebswirtschaftliches Konzept macht deutlich, dass die gesamte Unternehmenssteuerung an der Zielsetzung der Eigentümer ausgerichtet wird und somit eine Steigerung des Unternehmenswertes zum Ziel hat. Hierbei geht es nicht um die kurzfristige Gewinnmaximierung, sondern um die langfristige und nachhaltige Unternehmenswertsteigerung.[37] Zum anderen bedeutet Werteorientierte Unternehmensführung dass die Unternehmensführung gezielt ausgewählte Werte als Bestimmungsgründe ihres Handelns zugrunde legt. Die Orientierung am Kunden und an der Qualität, vor allem aber die Eigenständigkeit und Unabhängigkeit werden bei der BMW AG als Werte zugrunde gelegt, was langfristig auch den Wert des Unternehmens erhöhen soll.[38] Gleichermaßen kommt auch Bernhard von Mutius zu dem Ergebnis: „Künftig werden zur

---

[35] Vgl. Bühner, 2005, S. 374.
[36] Vgl. Schwaab, Bermann, Gairing, Kolb, 2002, S. 1.
[37] Vgl. Weber, Bramsemann, Heineke, Hirsch, 2004, S. 15.
[38] Vgl. Wollert, 2001, S. 37.

Erfolgsgeschichte eines jeden Unternehmens soziale und ökologische Wertedimensionen gehören. Es ist ein Gebot der Stunde, sie zum Bestandteil der unternehmerischen Gesamtstrategie zu machen, das heißt, sie in die Steuerungsmodelle sowie in die Management- und Messsysteme zu integrieren".[39]

Ein weiteres Management- und Steuerungsinstrument ist das EFQM-Modell. EFQM steht für „European Foundation for Quality Management"; diese Institution wurde 1988 von 14 europäischen Unternehmen als Stiftung gegründet. Ihr Modell für „Business Excellence" reicht weit über das Assessment des Qualitätswesens hinaus und kann, wie auch die Balanced Scorecard, als Zielvereinbarungssystem zur Anwendung kommen. Die folgende Abbildung 2 zeigt den Aufbau des EFQM-Modells.

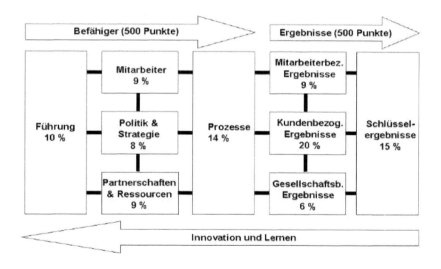

Abbildung 2: EFQM-Modell für Excellence
Quelle: EBZ, URL: http://www.ebz-beratungszentrum.de/organisation/efqm.html (27.07.2008).

---

[39] Mutius, B.v.: Wertebalancierte Unternehmensführung, in: Harvard Business Manager, Nr. 5, 19.07.2002, S. 9-11.

Beim EFQM-Modell werden auf der Ergebnisseite alle Ziele abgebildet. Die in der Verantwortung einer Organisationseinheit liegenden Messgrößen werden mit ihren Ziel-Ausprägungen in den strategischen Zielfeldern eingetragen. Auf der Seite der "Befähiger" (die etwas umständliche Übersetzung des englischsprachigen Begriffes "*enabler*" ist dem aus der Wertorientierung stammenden Begriff des "Werttreibers" anzunähern) müssen die Voraussetzungen für das Erreichen der Ziele geschaffen werden. Durch ständiges Lernen und Innovationen kann darüber hinaus ein Zyklus entstehen, der zur ständigen Verbesserung führt.[40]

Im Verlauf dieser Master Thesis wird unter Punkt 4 im Zusammenhang mit Kennzahlensystemen detailliert auf das EFQM-Modell eingegangen.

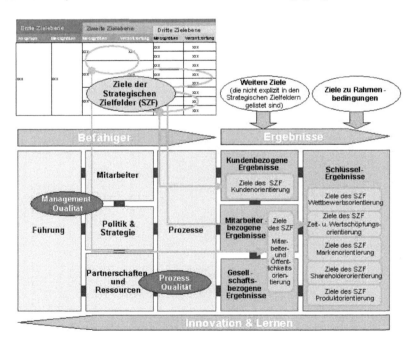

Abbildung 3: Zielvereinbarungssystem auf Basis des EFQM-Systems
Quelle: Managementhandbuch der BMW Group, S. 12. (Sie finden die Abbildung 3 in vergrößertem Format am Ende der Arbeit)

---

[40] Vgl. Managementhandbuch der BMW Group S. 11.

Ein Zielvereinbarungssystem unterstützt die Umsetzung von "Führen mit Zielen". In immer mehr Unternehmen finden Zielvereinbarungen nicht nur zwischen Vorgesetzten und Mitarbeitern Anwendung, sondern meist in Form eines Drei-Ebenen-Modells. Entlang der Hierarchie werden die Unternehmensziele vom Vorstand bis hin zur Mitarbeiterebene jeweils über drei betroffene Organisationsebenen vereinbart.[41]

Im direkten Zusammenhang mit Zielvereinbarungssystemen erfolgt oftmals eine Verknüpfung zwischen der Balanced Scorecard und dem EFQM-Modell. Das umfassendere Konzept ist eindeutig das EFQM-Modell. Führungskultur und Mitarbeiterführung stehen an erster Stelle. Die Balanced Scorecard hingegen hat in den relevanten Themenfeldern die EFQM-Kriterien erfasst und es besteht auch in der Logik eine gewisse Übereinstimmung. Das EFQM-Modell legt ein stärkeres Gewicht auf den Bereich „Führung und Mitarbeiter", die Balanced Scorecard mit ihrem Bezug auf "Vision", "Ziele", "Zielgrößen" und "Strategien" ergänzt das EFQM-Modell im Bereich der Politik und Strategie. Zudem bietet das EFQM-Modell die passende Wertestruktur und liefert im Rahmen der Selbstbewertung Verbesserungspotenziale - sowohl innerhalb des Unternehmens als auch im Austausch mit anderen Unternehmen - sowie Beispiele für "Best Practice" als Anregung zur internen Umsetzung.[42]

Becker weist darauf hin, dass die Qualität eines Zielvereinbarungssystems von organisatorischen und personellen Voraussetzungen abhängt. So ist zum Beispiel eine Zuweisung von erforderlichen Handlungsspielräumen, Kompetenzen und Ressourcen für eine Zielerreichung unbedingt erforderlich.[43]

In vielen Unternehmen beinhaltet ein Zielmanagementsystem außerdem die Komponente der ziel- und erfolgsabhängigen Vergütung. Gemessen am Grad der Zielerreichung ist dann eine entsprechende Vergütung zu zahlen, wobei dies meist bereits im Arbeitsvertrag vereinbart wurde. In vielen Fällen erfolgt eine

---

[41] Vgl. Managementhandbuch der BMW Group S. 13.
[42] Vgl. Schwaab, Bermann, Gairing, Kolb, 2002, S. 104ff.
[43] Vgl. Becker, 2005, S. 367.

Unterteilung der Zielvereinbarung in Finanzziele, Organisationsziele und persönliche Ziele. Je nach Position und Hierarchieebene werden häufig unterschiedliche Ziele vereinbart. Ein Finanzvorstand verfolgt beispielsweise Renditeziele, dagegen liegen die Ziele eines Abteilungsleiters schwerpunktmäßig im organisatorischen Bereich. Ein Zielvereinbarungssystem muss dann zusätzlich die Komponente der Messung, Bewertung und Vergütung abbilden. Im Zusammenhang mit Zielvereinbarungen spielt die Führungsdisziplin eine wichtige Rolle.

2.2.4 Führungsdisziplin

Der Begriff Führung, welcher eingangs bereits erläutert wurde, kann um den Begriff Disziplin erweitert werden. Unter Disziplin versteht man im Allgemeinen ein geordnetes Vorgehen beziehungsweise ein diszipliniertes, an klaren Prinzipien orientiertes Handeln.

Führungsdisziplin ist als eine von vielen Managementaufgaben zu verstehen. Das Wort "Führungsdisziplin" wird aber auch als Begriff für Managementaufgaben schlechthin verstanden; danach gibt es verschiedene Führungsdisziplinen. In diesem Sinne verwendet etwa die Frankfurter Allgemeine Zeitung den Begriff in einer Publikation, in der sie ausführt, dass die Bedeutung des Kommunikationsmanagements als eine Führungsdisziplin für die strategische Ausrichtung der Unternehmen in den vergangenen Jahren stetig zugenommen hat.[44]

Als weitere Führungsdisziplinen sollten sicherlich folgende genannt werden:

- Projektmanagement
- Kommunikationsmanagement
- Führungsethik
- Risikomanagement

---

[44] FAZ, URL:
http://www.faz.net/IN/INtemplates/faznet/default.asp?tpl = common/product.asp&doc = %7BE9C73 DA8-EE9E-44B3-8D7B-D5277E4E741B%7D&rub = %7B856B2D3B-60BD-40F5-AC4B-56B531D8C83D%7D (08.06.2008).

- Kulturmanagement

- Teammanagement

Das Projektmanagement stellt eine Führungsdisziplin dar, die in nahezu allen Wirtschaftsbereichen Anwendung findet. So stiegen die Anforderungen an das Projektmanagement in den vergangenen Jahren überdurchschnittlich. Termine, Kosten und weitere Zielsetzungen gilt es durch ein effizientes Projektmanagement zu optimieren.

Das Kommunikationsmanagement gilt ebenfalls als wichtige Führungsdisziplin, da der Alltag von Managern heutzutage von 50 % bis 90 % aus Kommunikation besteht. Der Begriff Kommunikation wird in der Fachliteratur häufig in Wahrnehmung und Interpretation unterteilt.[45]

Die Führungsethik – und hier kommen wir dem Begriff des disziplinierten, an klaren Prinzipien orientierten Handelns am nächsten – gilt als eine der schwierigsten Führungsdisziplinen. In diesem Zusammenhang sei ein Zitat von Martin Haase angeführt, welches am 07. Januar 2008 im Internet erschien: „Ethik ist eine der schwierigsten Führungsdisziplinen. Die Diskussion um eine verantwortliche Führung ist immer wieder neu zu beleben. Dabei wird es stets um die Entscheidung zwischen zwei Werten und somit um eine Wertehierarchie gehen. Entscheidend wird sein, welche Wertesysteme die gesunde Weiterentwicklung des Menschen in gesunden und erfolgreichen Unternehmen in einer gesunden Welt am besten ermöglichen".[46]

Im Zusammenhang mit Ethik unterscheidet Peter Ulrich, der im deutschen Sprachraum das umfassendste Konzept zur Wirtschaftsethik entwickelt hat, zwischen Unternehmensethik auf der einen Seite, und Führungsethik auf der anderen. Bei der Unternehmensethik geht es ihm um die Beziehung zu allen Stakeholdern, also um die Grundrechte aller Anspruchsträger wie Aktionäre, Mitarbeiter, Kunden, Lieferanten und Öffentlichkeit. Bei der Führungsethik geht es

---

[45] Vgl. Kasper, Mayrhofer, 2002, S. 214.
[46] Leadership.Info, URL: http://www.leadership.info/329/fuehrungsdisziplin-ethik/ (08.06.2008).

primär um die elementaren Persönlichkeitsrechte. Peter Ulrich unterscheidet zwischen zwei unantastbaren Grundrechten. Er differenziert zwischen dem Schutz der Person vor jeglicher Form der Persönlichkeitsmissachtung („psychische und physische Unantastbarkeit") sowie dem Schutz vor Diskriminierung, also dem Recht auf Gleichbehandlung ohne Ansehen der Person hinsichtlich Religion, Nationalität, Geschlecht oder ethnischer Herkunft.[47]

Bei der Führungsdisziplin "Ethik" handelt es sich somit um Rechte, die in Form von übergeordneten Normen erkennbar sind. Die Rede ist also von verantwortlicher Führung, welche als Führungssystem erkennbar in einer Wertehierarchie eingebunden ist. Peter Ulrich nennt dies das Prinzip der organisierten Verantwortlichkeit. Wichtig ist in diesem Zusammenhang auch, dass bereits in sämtlichen Führungssystemen (Verhaltensgrundsätze und Führungsrichtlinien) Anreizstrukturen so gestaltet werden, dass ethisch verantwortungsvolles Handeln belohnt und rücksichtsloses Verhalten, das sich ausschließlich an Karrierezielen orientiert, unterbunden wird.[48]

Da die menschlichen Bedürfnisse als grenzenlos gelten und verfügbare Güter meist knapp sind, unterstellt Peter Ulrich dem Menschen als oberstes Ziel die so genannte Nutzenmaximierung. Ein höheres Maß an Bedürfnisbefriedigung eines Einzelnen lässt sich jedoch nur schwer mit einer ethischen Norm begründen. Ganz anders ist das, wenn nicht das egoistische Prinzip der privaten Nutzenmaximierung im Vordergrund steht, sondern eine soziale Gesamtnutzenmaximierung angestrebt wird. Peter Ulrich beschreibt hier das Prinzip der utilitaristischen Ethik.[49]

Gemeint ist, dass durchaus von Ethik gesprochen werden kann, wenn es durch gemeinsames Handeln einer größtmöglichen Anzahl von Menschen größtmöglichen Nutzen bringt. In der Welt der Führung ist somit darauf zu achten, dass durch diszipliniertes Führen eine gesunde Entwicklung der Mitarbeiter ermöglicht wird, welches wiederum zu einer positiven Entwicklung des

---

[47] Vgl. Ulrich, 2008, S. 490f.
[48] Vgl. Ulrich, 2008, S. 493f.
[49] Vgl. ebenda, S. 189ff.

Unternehmens beitragen kann. Das vorbildliche und disziplinierte Führen des jeweiligen Vorgesetzten soll eine Richtschnur für die Mitarbeiter darstellen. Zur Führungsdisziplin gehört weiterhin, dass die Mitarbeiter je nach Fähigkeit und Möglichkeit eingesetzt und gefördert werden.

In einigen Fachliteraturquellen werden die beiden Disziplinen Führung und Ethik mit der Unternehmenskultur verknüpft. So betrachtet zum Beispiel Klaus Eckrich das Kulturmanagement als Führungsdisziplin, indem er die Kultur eines Unternehmens, die Werte und das Führen von Menschen als ganzheitliche Dimension betrachtet.[50]

Auch der kanadische Managementprofessor Henry Mintzberg stellt einen Zusammenhang zwischen Führung und Unternehmenskultur her. Die „Kulturschule" ist einer von 10 Ansätzen, über die Mintzberg versucht, den Inhalt von Strategischem Management zu beschreiben. Zusammen mit fünf weiteren Denkschulen konzentriert sich die „Kulturschule" auf den Teilbereich des Strategieentwicklungsprozesses. Hierbei hebt Henry Mintzberg die Bedeutung von Werte- und Normenvorstellungen hervor, die für eine Unternehmenskultur unverzichtbar sind.[51]

Ebenso wie Henry Mintzberg hält auch Artur Wollert die Unternehmenskultur als die Gesamtheit von Normen, Wertevorstellungen und Denkhaltungen für entscheidend. Das Erscheinungsbild eines Unternehmens wird durch das Verhalten der Mitarbeiter aller Stufen geprägt.[52]

Jim Collins bildet einen Regelkreis, der disziplinierte Menschen mit diszipliniertem Denken und diszipliniertem Handeln vereint. Er geht davon aus, dass jedes Unternehmen eine eigene Unternehmenskultur hat, jedoch nur wenige Unternehmen eine Kultur der Disziplinen. Weiter führt er aus, dass disziplinierte Mitarbeiter keine Hierarchien benötigen. Verbindet man nun eine Kultur der

---

[50] Changehouse, URL:http://www.changehouse.de/dokumente/Fol_Kulturveraenderung.pdf (22.06.2008).
[51] Vgl. Mintzberg, Ahlstand, Lampel, 2005, S. 297ff.
[52] Vgl. Wollert, 2001, S. 58.

Disziplin mit einer Ethik des Unternehmergeistes, ergibt dies eine Formel für Spitzenleistung.[53]

Die Bedeutung der Führungsdisziplinen, im Besonderen der Führungsethik und des Kulturmanagements, sollte im Zusammenhang mit den Werten und Normen unbedingt bei der Wahl eines Führungsstils berücksichtigt werden, aber auch bei der Führungskraft selbst sollten diese Werte und Normen Anwendung finden.

2.2.5 Sich selbst führen

Sich selbst führen wird in der Fachliteratur häufig mit dem Begriff „Selbstmanagement" in Verbindung gebracht. Im Grunde genommen geht es aber auch hierbei um den sprachlichen Versuch, Führung auf die eigene Person zu beziehen. Speziell Führungskräfte haben die Aufgabe der Führung. Da jedoch Terminerge, Abstimmungsprozesse und Entscheidungsdruck so viel Zeit in Anspruch nehmen, sind die Anforderungen an eine Führungskraft meist so hoch, dass für die eigentliche Aufgabe der Führung oft zu wenig Zeit bleibt. Häufig spiegelt sich das in einem 14-Stunden-Tag wieder, wodurch die persönliche Freizeit, Zeit für Erholung und soziale Kontakte auf ein Minimum zusammengeschrumpft werden. Selbstmanagement ist also die Voraussetzung für eine erfolgreiche Führungsarbeit. Auch im Bereich des Selbstmanagements kann das Managementkonzept „Management by Objectives" effektiv und sinnvoll eingesetzt werden.[54]

Ein erfolgreiches Selbstmanagement gilt als Voraussetzung, um erfolgreich führen zu können. Die mangelnde Fähigkeit sich selbst zu organisieren überträgt sich häufig auf das persönliche Umfeld. „Nur ein gutes Selbstmanagement hilft, Energien zielführend einzusetzen und andere erfolgreich führen zu können. Die wesentlichen Elemente des Selbstmanagements sind:

- Emotionale Selbstkontrolle
- Anpassungsfähigkeit

---

[53] Vgl. Collins, 2008, S. 24.
[54] Vgl. Schwaab, Bermann, Gairing, Kolb, 2002, S. 134ff.

- Optimismus

- Zielorientierung

- Eigeninitiative"[55]

Ein erfolgreiches Selbstmanagement ist somit Voraussetzung für zielorientiertes Arbeiten. Die Elemente des Selbstmanagements sind aus Sicht des Autors ein wesentlicher Aspekt, der beim eigenverantwortlichen Arbeiten in Teams und Gruppen nicht vernachlässigt werden darf. Heutzutage wird in diesem Zusammenhang der Begriff "Work-Life-Balance" verwendet. Inhaltlich geht es um eine erfüllende Lebensbalance, die das Berufsleben, die Familie, aber auch die privaten Bedürfnisse in einem ausgeglichenen Verhältnis zueinander hält. Die Arbeit soll ein wichtiger Teil des Lebens bleiben, aber das Leben darf nicht an der Tür zur Arbeitswelt aufhören.[56]

2.2.6 Mitarbeiterzufriedenheit

Die Mitarbeiterzufriedenheit wird von vielen Einflussgrößen geprägt. So sind zum Beispiel die Arbeitsbedingungen, der Vorgesetzte, die Entwicklungsmöglichkeiten, das Einkommen, aber auch die Kommunikation wichtige Parameter, um nur einige zu nennen.

Waldemar Stotz beschreibt in diesem Zusammenhang die Tatsache, dass viele Mitarbeiter aufgrund eines subjektiven Unternehmensimages zu einem neuen Arbeitgeber wechseln. Eine Kündigung hingegen wird in den meisten Fällen aufgrund von Unzufriedenheit mit dem direkten Vorgesetzten ausgesprochen. Es kann also davon ausgegangen werden, dass unzufriedene Mitarbeiter keine engagierten, loyalen Mitarbeiter sein werden. Gerade aber die Mitarbeiterloyalität, das so genannte „Commitment", sollte als Produktivitätsfaktor gesehen werden. Marcus Buckingham und Curt Coffman erläutern in ihrem Buch „Erfolgreiche Führung gegen alle Regeln" diesen Punkt wie folgt: „Man erkennt, dass ein Großteil des Unternehmenswertes »zwischen den Ohren der Mitarbeiter«

---

[55] Stotz, 2007, S. 63.
[56] Vgl. Lippmann, 2006, S. X.

angesiedelt ist. Und dies wiederum bedeutet, dass jemand, der ausscheidet, seinen Wert mitnimmt – um ihn nicht selten direkt zur Konkurrenz zu tragen".[57] Im Zusammenhang mit dem Jahresabschluss können die Investitionen in die Forschung und Entwicklung (F&E) als immaterielle Vermögenswerte bilanziert werden. Marcus Buckingham und Curt Coffman zählen die Kundenzufriedenheit und die Mitarbeiterzufriedenheit ebenfalls zu den immateriellen Vermögenswerten.[58]

Zahlreiche Studien haben sogar ergeben, dass ein direkter Zusammenhang zwischen zufriedenen Mitarbeitern und zufriedenen Kunden besteht.[59] Mitarbeiterzufriedenheit ist eine der wesentlichen Voraussetzungen für die Bindung der Mitarbeiter an ihr Unternehmen. Marcus Buckingham und Curt Coffman sehen die Mitarbeiterzufriedenheit im direkten Zusammenhang mit dem Wettbewerbsvorteil: „Wenn es folglich gelingt, die Mitarbeiter besser zu behandeln, als die Konkurrenz dies tut, begünstigt dies die Rekrutierung, optimale Beschäftigung und Entwicklung fähiger Leute, was letztlich zum Wettbewerbsvorteil führt. Insofern gewinnt die Unternehmenskultur – die Art und Weise des Umgangs zwischen Vorgesetzten und Mitarbeitern – einen zentralen Stellenwert. So zentral, scheint es, dass man die Sache keinesfalls dem Zufall überlassen darf".[60]

Innerhalb der BMW Group werden zur Analyse und Verbesserung der Mitarbeiterzufriedenheit in regelmäßigen Abständen Mitarbeiterbefragungen durchgeführt. Die gewonnenen Verbesserungspotenziale werden ermittelt und Veränderungsmaßnahmen eingeleitet. Aufgrund der Wiederholungen kann die Wirksamkeit der Aktivitäten laufend überprüft werden. Die Mitarbeiterbefragung dient somit als Führungsinstrument und zur Bewertung der Mitarbeiterzufriedenheit.[61]

---

[57] Buckingham, Coffman, 2005, S. 16.
[58] Vgl. ebenda, S. 17.
[59] Vgl. Stotz, 2007, S. 148f.
[60] Buckingham, Coffman, 2005, S. 116.
[61] Vgl. Managementhandbuch der BMW Group, 2007, S. 100ff.

Es kann festgehalten werden, dass ein wesentlicher Zusammenhang zwischen Führungsstil, Führungsdisziplin und der Mitarbeiterzufriedenheit besteht. Dieser wird umso deutlicher, je stärker man die Führungsethik mit einbezieht. In Verbindung mit der Unternehmensethik findet eine Reflektion nach außen statt, die durchaus vom potenziellen Kunden wahrgenommen werden kann. Die aktuellen Berichterstattungen in den Medien, die über Bespitzelungen der Mitarbeiter berichten, machen deutlich, dass der Kunde den Umgang mit Mitarbeitern sehr wohl kritisch betrachtet.

2.2.7 360°-Feedback

Um die Mitarbeiterführung weiter zu optimieren, wird im Rahmen der Mitarbeiterbeurteilung und von Mitarbeitergesprächen immer häufiger das 360°-Feedback angewandt. Hierbei handelt es sich um eine Methode, die zur Beurteilung von Fach- und Führungskräften eingesetzt wird.

Bei dieser Vorgehensweise wird die Leistung von Führungskräften durch Einschätzung relevanter Bezugspersonen beurteilt. Hierzu zählen neben den direkten Vorgesetzten auch Kollegen und Mitarbeiter, in besonderen Fällten sogar Prozesspartner bis hin zu relevanten externen Kunden.[62]

Helmut Kasper gliedert die Beurteilungskriterien in drei Punkte:

- Die Eigenschaften
- Die Leistungsergebnisse
- Das Verhalten[63]

Ziel ist es, der zu beurteilenden Person die Möglichkeit zu geben, ihr Selbstbild mit der Einschätzung der Beurteilenden abzugleichen. Im Rahmen einer Selbstreflexion können auf diese Weise eigene Stärken und Schwächen erkannt werden. Die daraus abgeleiteten Verbesserungspotenziale können in der zukünftigen Mitarbeiterführung bereits zur Anwendung kommen.

---

[62] Vgl. Stotz, 2007, S. 160f.
[63] Vgl. Kasper, Mayrhofer, 2002, S. 458f.

Einen Überblick über die 360°-Feedback-Gespräche soll die folgende Grafik geben. Die Führungskraft erhält in diesem Fall eine Rückmeldung über die erbrachte bzw. nicht erbrachte Leistung jeweils vom Vorgesetzten, von Kollegen, von Mitarbeitern und, im gezeigten Beispiel, auch vom externen Kunden.

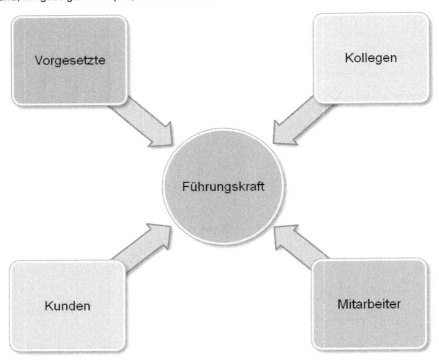

Abbildung 4: 360°-Feedback-Gespräch
Quelle: Fersch, 2002, S. 172 (eigene Darstellung).

Joseph Fersch hebt folgende Ziele eines 360°-Beurteilungssystems hervor, um nur einige zu nennen:

- Verbesserung der internen Kommunikation
- Besseres Verständnis füreinander
- Verbesserung des Führungsverhaltens

- Verbesserte Partnerschaften im Verbund von Lieferanten, Prozesspartnern und Kunden

- Erkennen und Fördern des Potenzials der Mitarbeiter. 360°-Feedback identifiziert Entwicklungsmöglichkeiten, die durch gezielte Weiterbildung und Schulung umgesetzt werden können; eine Karriereplanung kann fester Bestandteil eines überarbeiteten Mitarbeitergesprächs sein[64]

2.3 Leistungsförderung und Leistungskontrolle

Das Thema Leistungsförderung begleitet uns fast ein ganzes Leben lang. Bereits im Kindergartenalter ist bei den Kleinsten bereits von Leistungsförderung die Rede. Später in der Schule beschäftigen sich Pädagogen mit der Leistungsförderung der Heranwachsenden, um ihnen Wissen, Erziehung und Disziplin zu vermitteln. Im Rahmen eines eventuellen Studiums an einer Hochschule oder Universität wird die Leistungsförderung vertieft. Auch später im Berufsleben begleitet uns das Thema weiter, bis hin zur heutigen Diskussion des "Lebenslangen Lernens".

„Leistung zu fordern, zu fördern und anzuerkennen legt die Basis der Zusammenarbeit zwischen Führung und Mitarbeitern".[65]

Wie bereits unter 2.2.5 angesprochen gilt es ein leistungsförderndes Klima zu erzeugen, um langfristig produktiv, effektiv und effizient zu sein. Aufgabe des Vorgesetzten ist es, in Zusammenarbeit mit dem Mitarbeiter, die Arbeitsobjekte, also das was an der jeweiligen Stelle zu leisten ist, gemeinsam in den Griff zu bekommen.

Die BMW Group betrachtet die Förderung der Leistungsfähigkeit wie auch den Erhalt bzw. die Verbesserung der Kenntnisse und Fähigkeiten als wichtigen Bestandteil der Personalentwicklung.[66]

---

[64] Vgl. Fersch, 2002, S. 176f.
[65] Wollert, 2001, S. 28.
[66] Vgl. Managementhandbuch der BMW Group, 2007, S. 24.

An dieser Stelle wird im Zusammenhang mit der Leistungsförderung sowie deren Kontrolle hinsichtlich der erbrachten Leistung eine Unterteilung vorgenommen und in den folgenden Punkten jeweils näher darauf eingegangen.

2.3.1 Arbeitsmenge und Arbeitsqualität

Bevor eine Leistungsförderung in Betracht gezogen werden kann, muss zuvor eine Beurteilung der zu erbringenden Arbeitsmenge sowie deren Qualität erfolgen. Eine Erhöhung der Arbeitsmenge darf nicht eine Reduzierung der Qualität zur Folge haben. Da in etlichen Zielvereinbarungssystemen, wie zum Beispiel in der Balanced Scorecard oder auch im EFQM Modell (siehe hierzu Punkt 2.2.3), der Qualitätsansatz eine nicht unerhebliche Bedeutung einnimmt, sollte die Arbeitsmenge der Arbeitsqualität angepasst werden.

Das Qualitätsmanagement und das Personalmanagement sind eng miteinander verbunden. Neben der Befriedigung von Kundenwünschen gilt es, auf Dauer Wertzuwachs für das Unternehmen zu erzielen. Der Total-Quality-Management-Ansatz betrachtet aber nicht nur die Beziehung zum Kunden. Auch die Zusammenarbeit zwischen Abteilungen sollte gewissen Qualitätsstandards entsprechen. In der Fachliteratur, aber auch in der Praxis, ist hier ebenfalls von einer Kunden-Lieferanten-Beziehung die Rede. Artur Wollert sieht in der Gestaltung von flexiblen Arbeitssystemen eine Möglichkeit, den Mitarbeitern die notwendigen individuellen Entscheidungsspielräume zu geben. Diese sollen Kooperationen mit Kollegen ermöglichen, die das Arbeitsklima, das Leistungsniveau und auch die Qualität verbessern. Innovationen sind ohne kreative Freiräume nicht machbar.[67]

Das Personalmanagement sollte hierbei die Rahmenbedingungen festlegen, die eine solche Arbeitsweise ermöglichen. So könnten so genannte Qualitätszirkel eingerichtet werden, die in regelmäßigen Abständen und in Form kleiner Gruppen von 5-10 Beschäftigten der operativen Ebene die alltäglichen Probleme in Gesprächsrunden behandeln und eine Lösung herbeiführen. Innerhalb dieser Qualitätszirkel können die Arbeitstechniken besprochen werden, die die Aspekte der betrieblichen Leistungserstellung betreffen und überdies zu

---

[67] Vgl. Wollert, 2001, S. 30ff.

Qualitätsverbesserung führen. Im Idealfall werden durch diese Maßnahmen die Motivation und die Kommunikation erhöht, was sich ebenfalls positiv auf die Produktivität und die Kundenzufriedenheit auswirkt.[68]

Durch eine enge Abstimmung der Mitarbeiter kann sowohl eine Erhöhung der Qualität als auch eine Reduzierung des Ressourceneinsatzes erreicht werden, was wiederum eine Steigerung der Arbeitsmenge ermöglicht. Es ist zu erwarten, dass eine Lernkurve bei der Übernahme von neuen Aufgaben steiler ansteigt als ohne diese Maßnahmen. In jedem Fall müssen die Rahmenbedingen hierzu vom Personalmanagement und von den jeweiligen Führungskräften geschaffen bzw. vorgegeben werden. Darüber hinaus wird sich eine Partizipation der Mitarbeiter positiv auf den Gesamtprozess auswirken.

2.3.2 Leistungsanpassung und Leistungsoptimierung

Die Leistung eines Mitarbeiters kann nicht eindimensional betrachtet werden. Wie bereits ausgeführt wird ein Mitarbeiter in seinem Arbeitsumfeld von vielen Faktoren beeinflusst. So spielen auch bei der Leistungserstellung verschiedene Parameter eine entscheidende Rolle.

Waldemar Stotz nennt in diesem Zusammenhang drei Dimensionen, die die Leistung eines Mitarbeiters beeinflussen und den Wert des Human Capitals beschreiben. Hierbei nennt er das Potenzial, welches die fachliche Qualifikation des Mitarbeiters beschreibt sowie dessen Motivation, also seine Leistungsbereitschaft, und das Umfeld wie zum Beispiel das Betriebsklima oder das Verhältnis zum Vorgesetzten. Die Leistung ist somit die Schnittmenge dieser drei Parameter.[69]

Der Leistungsanpassung und Leistungsoptimierung ist der Leistungsauftrag vorangestellt. Der Leistungsauftrag soll mehr Transparenz bei der

---

[68] Vgl. Kasper, Mayrhofer, 2002, S. 307.
[69] Vgl. Stotz, 2007, S. 27f.

Leistungserstellung schaffen und der Führungskraft sowie der Unternehmensleitung den Ressourceneinsatz erleichtern.[70]

Eine ständige Optimierung von Prozessen, Leistung und Strukturen ist eine unerlässliche Anforderung an die Unternehmen, um dem permanenten Wandel gerecht zu werden.[71]

Eine Leistungsanpassung sowie eine Leistungsoptimierung müssen somit einen permanenten Prozess darstellen. Für das Personalmanagement bedeutet dies, den Personaleinsatz so zu planen und zu steuern, dass jederzeit ausreichend personelle Ressourcen zur Verfügung stehen.

Für das Personaleinsatzmanagement steht die Leistungsoptimierung im Vordergrund. Hierbei geht es aus der strukturellen Perspektive um die Steigerung von Effizienz und Effektivität. Langfristig gesehen geht es darum, die Differenz zwischen Leistungsanforderung und Fähigkeiten der Mitarbeiter so zu verringern, dass die bewertete Menge erbrachter Leistung im Verhältnis zur Menge der eingesetzten personellen Ressourcen gesteigert werden kann. Durch die Betrachtung der Arbeitssituationen und des Mitarbeiterverhaltens können Verbesserungspotenziale im Personaleinsatz erkannt werden.[72]

2.3.3 Leistungsziele und Kontrolle der Zielerreichung

Sowohl die Arbeitsmenge und Arbeitsqualität als auch die Leistungsanpassung und die Leistungsoptimierung setzen einen gewissen Basiswert voraus, den es zu messen und zu kontrollieren gilt. Ein hierfür geeignetes Werkzeug stellt die Zielvereinbarung, wie unter Pkt. 2.2.2 beschrieben, dar, anhand derer die Leistungsziele hinsichtlich der Zielerreichung gemessen werden können. Für das Personalmanagement entsteht hier die Aufgabe Rahmenbedingungen zu schaffen, die es ermöglichen vereinbarte Leistungsziele zu kontrollieren und deren Zielerreichung zu messen. Die Ergebnisse hieraus sollten in einer Leistungsbeurteilung berücksichtigt werden beziehungsweise in diese mit

---

[70] Vgl. Thom, Zaugg, 2006, S. 386.
[71] Vgl. Wollert, 2001, S. 29.
[72] Vgl. Stotz, 2007, S. 592f.

einfließen. Ein positiver Effekt kann eintreten, sofern sich aufgrund der Transparenz das Verhalten der Mitarbeiter dahin gehend beeinflussen lässt, dass diese eine größere Sensibilität bezüglich der gemeinsamen Unternehmensziele entwickeln.

Die Erfolgsmessung beziehungsweise die Erfolgskontrolle wird im Rechnungswesen häufig als "performance accounting" bezeichnet. Die Rede ist dann in der Regel von der Leistungsmessung, die meist in so genannten Kennzahlensystemen dargestellt wird. Auf den Punkt der Leistungsmessung wird im Rahmen der Kennzahlen (siehe hierzu Punkt 4) noch ausführlicher eingegangen.

2.4 Fazit und Vorschau

Die Leistungsförderung sowie deren Kontrolle sind wichtige Maßnahmen der Personalentwicklung, die die Qualifikation der Mitarbeiter erhalten bzw. verbessern sollen.

In der heutigen Zeit wird auch in den öffentlichen Medien häufig über die Ressourcenknappheit berichtet. Für viele Industrieunternehmen wie zum Beispiel die BMW AG bedeutet dies unter anderem dramatische Kostensteigerungen in Bezug auf Rohstoffe wie Öl, Strom und Stahl. Ebenso bedeutet für das Personalmanagement die derzeitige demografische Entwicklung und der derzeit vorherrschende Fachkräftemangel, insbesondere bei Ingenieuren, eine Ressourcenknappheit. Aus den genannten Gründen orientieren sich moderne und erfolgreiche Unternehmen immer mehr am nachhaltigen Erfolg um die Bedürfnisse der Shareholder sowie der Stakeholder auch künftig berücksichtigen zu können.

Für das Personalmanagement und die Personalführung bedeutet dies, auf lange Sicht einen wertschöpfenden Beitrag für das Unternehmen zu leisten. Gerade die Unternehmenskultur, aber auch die Unternehmensstrategie spielen hier eine wichtige Rolle. Das Human Capital wird somit zum entscheidenden Erfolgsfaktor für den Werterhalt und die Wertsteigerung der Unternehmen. Reiner Sprenger äußert sich hierzu in einem Interview folgendermaßen: „Die Erfolgsfaktoren der Zukunft sind Commitment, Innovation und Unternehmergeist auf allen Ebenen des

Unternehmens. Dazu brauchen wir eine Führung, die selbstverantwortliche Menschen schätzt, sie ernst nimmt und ihnen etwas zutraut".[73]

In diesem Zusammenhang hat sich der Führungsstil „Management by Objectives" (kurz MbO) in seiner weiterentwickelten Form des Managements durch Zielvereinbarung und nicht nur durch Zielvorgabe als sehr praxisorientiert erwiesen und findet aus diesem Grund häufig Anwendung. Wie bereits ausgeführt handelt es sich um eine seit vielen Jahren bewährte Führungsmethode, die neben den reinen Unternehmenszielen auch die Ziele des Mitarbeiters berücksichtigen soll. Des Weiteren trägt diese Methode dazu bei Voraussetzungen dafür zu schaffen, dass Verantwortung delegiert werden kann. Hierauf sowie auf die Eigenverantwortung wird in den folgenden Punkten eingegangen.

---

[73] Geißler, C., Hegele-Raih, C. im Gespräch mit Reinhard Sprenger, Mitarbeiter brauchen Freiheit, in: Harvard Business Manager, Nr. 4, 25.03.2003, S. 107.

3 Delegierte Verantwortung, Team- und Eigenverantwortung

Wie bereits eingehend angesprochen ist der Bereich Führung mit den Themen Führungsstil und Führungsdisziplin Voraussetzung für das Thema Delegation und Verantwortung. Bereits in den Fünfzigerjahren hat sich die „Akademie für Führungskräfte der Wirtschaft" in Bad Harzburg mit diesem Thema beschäftigt. Das „Harzburger Modell", das von Reinhard Höhn unter der Mitarbeit von Gisela Böhme entwickelt wurde, nimmt in der Reihe der am Markt angebotenen Führungsmodelle wegen seines doch sehr großen Bekanntheitsgrades eine zentrale Stellung ein. Durch das umfangreiche Schulungsprogramm der Akademie wurde die Führung im Mitarbeiterverhältnis als „Harzburger Modell" zum Markennamen.[74] Das Modell "Delegation von Verantwortung" entstand, welches bis in die heutige Zeit einen bedeutenden Einfluss im Bereich Führungsverantwortung hat und hier näher erläutert werden soll.

3.1 Delegation von Verantwortung (im Unternehmen)

Das reine Zuweisen von Tätigkeiten (Delegation) zählt zu den Führungsinstrumenten und gilt als selbstverständlich. Bei der Delegation von Verantwortung handelt es sich ebenfalls um eine Führungsmethode, die gleichermaßen wie das Führen nach Zielvereinbarung zu den "Management-by"-Methoden zählt und wie das „Harzburger Modell" von Reinhard Höhn entwickelt wurde. Im Sinne des "Management-by-Delegation" ist die Rede von "Führung durch Delegation". Hierbei geht es nicht grundsätzlich darum, die gesamte Verantwortung an eine untere Unternehmensstufe zu übertragen, sondern vor allem darum, Mitarbeiter zu mehr eigenverantwortlichem Handeln zu führen. Das bedeutet, dass die Mitarbeiter im Bereich der ihnen zugewiesenen Aufgaben selbständig tätig sind. Dabei haben sie sich lediglich an einen übergeordneten

---

[74] Guserl, 1973, S. 37.

Unternehmensgrundsätzen, gültigen Regelungen sowie den jeweiligen Zielen zu orientieren.[75]

In diesem Zusammenhang findet man häufig den Begriff "Demokratischer Führungsstil". Im Gegensatz zur reinen Delegation hängt es bei dieser Art der Führung vom Führungsverständnis des Vorgesetzten ab, inwieweit dieser bereit ist, den Mitarbeitern auch Eigenverantwortung zu übertragen und ihnen die notwendigen Befugnisse einzuräumen. Je demokratischer die Führungsmethode ausgeprägt ist, desto eigenverantwortlicher werden die Mitarbeiter handeln.[76]

3.1.1 Partizipation und „Kollektivismus"

Partizipation ist die von einer Führungskraft ausgehende Beteiligung ihrer Mitarbeiter an Entscheidungen, insbesondere am Prozess der Zielbildung. Sie setzt zum einen voraus, dass die Führungskraft die Mitarbeiter freiwillig am Führungsprozess beteiligt, sie "mit ins Boot holt" und sie somit zu Partnern macht. Zum anderen ist partizipatives Führen in der Regel nur dann erfolgreich, wenn die Mitarbeiter aufgeschlossen sind für die Übertragung von Handlungsverantwortung. Den Mitarbeitern wird es hierbei ermöglicht, ihre Sachkenntnis einzubringen, die durch die ständige unmittelbare Beschäftigung mit ihrem Aufgabengebiet detaillierter sein kann als die des Vorgesetzten.[77] Die Partizipation ist somit abhängig von den Werthaltungen der Mitarbeiter, die zu einem großen Teil durch das soziokulturelle Umfeld bestimmt werden. So ist im deutschen, verstärkt auch im flämischen Kulturraum die Bereitschaft sich Verantwortung übertragen zu lassen stärker als beispielsweise in Frankreich oder Spanien. Der niederländische Soziologe Geert Hofstede hat diese „cultural consequences" (Kulturelle Konsequenzen) schon in den 60er-Jahren beschrieben. Er spricht von „Kollektivismus" und „Individualismus" und führt in diesem Zusammenhang an: „In einer individualistischen Kultur erwartet man von Arbeitnehmern, dass sie nach ihren eigenen Interessen handeln; und die Arbeit sollte so organisiert sein, dass

---

[75] Vgl. Laufer, 2008, S. 90.
[76] Vgl. Laufer, 2008, S. 104.
[77] Vgl. Olfert, 2006, S. 246.

dieses Eigeninteresse und das Interesse des Arbeitgebers in Einklang miteinander stehen. Arbeitnehmer sollen als „wirtschaftliche Menschen" handeln, oder als Menschen mit einer Kombination aus wirtschaftlichen und psychologischen Bedürfnissen. In einer kollektivistischen Kultur stellt ein Arbeitgeber niemals einfach ein Individuum ein, sondern eine Person, die einer Wir-Gruppe angehört. Der Mitarbeiter wird sich nach den Interessen dieser Wir-Gruppe verhalten, die möglicherweise nicht immer mit seinen individuellen Interessen übereinstimmen".[78] Mitarbeiter einer kollektivistischen Gesellschaft werden in einer Gruppe besser zusammenarbeiten als Mitarbeiter einer individualistischen Kultur. Dies zeigt sich nicht zuletzt bei der Einteilung von Arbeitsprozessen und der Bildung von Mitarbeiterteams. Siehe hierzu Punkt 3.2 Teamverantwortung / Führen im Team.

Als weitere Messgrößen betrachtet Geert Hofstede die „Power Distance" (Machtdistanz oder auch soziale Distanz). Hierbei geht es um die Rollenpaarung, die bereits in der Eltern-Kind-Beziehung, aber auch in der Lehrer-Schüler-Beziehung unser Verhalten geprägt hat. Bei jungen Erwachsenen kommt nun das Rollenpaar Vorgesetzter / Mitarbeiter hinzu. Häufig wird das bereits gewohnte Verhalten aus der Eltern-Kind- und Lehrer-Schüler-Beziehung auf das Verhalten gegenüber den Vorgesetzten übertragen. In Unternehmen mit stark hierarchischen Strukturen gibt es für gewöhnlich große Machtdistanzen. Vorgesetzte und Mitarbeiter sind mit ungleichen Rechten ausgestattet. In Ländern mit geringerer Machtdistanz betrachten sich Mitarbeiter und Vorgesetzte relativ gleichberechtigt. Die vorhandenen Hierarchien dienen der Rollen- und Aufgabenverteilung. Der ideale Chef in solchen Unternehmen ist ein einfallsreicher Demokrat, der die Meinung der Mitarbeiter würdigt und in seine Entscheidungen mit einbezieht.[79] Die Wahl des Führungsstils muss somit die Kultur des Unternehmens und die Kultur des jeweiligen Landes berücksichtigen. Die kulturelle Individualität der Mitarbeiter muss bei dieser Entscheidung unbedingt berücksichtigt werden.

---

[78] Hofstede, 2006, S. 134.
[79] Vgl. ebenda, S. 72ff.

Für eine Unternehmung, die weltweit tätig ist, stellt sich somit die Frage, ob die Unternehmenskultur in jedem Land gleich gelebt werden kann oder ob es hinsichtlich unterschiedlicher kultureller Präferenzen einer jeweils individuellen Unternehmenskultur bedarf. Im Hinblick auf die Übertragung von Verantwortung - einen mehr oder weniger ausgeprägten Teamgedanken - sowie die Individualität der Mitarbeiter und Menschen gilt es dies zu beachten.

Beim Kollektivismus handelt es sich somit um ein System von Werten und Normen, dem gerade im Zusammenspiel der Mitarbeiter innerhalb einer Gruppe oder innerhalb eines Teams eine bedeutende Rolle zukommt. Der Gesamterfolg der Gruppe wird über den Einzelerfolg des Individuums gestellt.

Die hier gewonnenen Resultate sind insofern von Bedeutung, als sie es ermöglichen die im späteren Verlauf dieser These (siehe Punkt 5) hinzugewonnenen Erkenntnisse bei den eventuell notwendigen strukturellen Veränderungen umzusetzen.

3.1.2 Praktizieren von geteilter Verantwortung

Delegation von Verantwortung hat in der deutschen Betriebswirtschaft eine lange Tradition, die durch das „Harzburger Modell" begründet wurde. Das „Harzburger Modell" will dokumentieren, „daß [!] es klare und einheitliche Führungsprinzipien gibt, an die man sich halten kann, die lehrbar und lernbar sind und sich jederzeit anwenden lassen, vorausgesetzt, daß [!] man die Grundkonzeption, auf der sie beruhen, akzeptiert".[80] Das Teilen von Verantwortung (kooperative Führung, Führung im Mitarbeiterverhältnis) war, als Reinhard Höhn diese Praxis in den 60er-Jahren empfahl, eine bewusste Gegenhaltung zur überkommenen autoritären Führung. Wenngleich eine Führungskraft schon damals sich selten dazu bekannte, autoritär zu sein, so bestand doch verbreitet die Vorstellung, der Unternehmer könne Führung „erfühlen" und der Industriegesellschaft angemessene Methoden einfach aus dem vermeintlich gesunden Menschenverstand entwickeln.[81]

Das „Harzburger Modell" wird an deutschen Hochschulen bis heute gelehrt und zu den Vorläufern des Führungskonzepts "Management by Objectives" gezählt.

---

[80] Höhn, Böhme, 1968, (Vorwort).
[81] Vgl. ebenda, 1968, S. 15ff.

Partizipatives Führen ist aber noch mehr: Partizipation ist eine Form der geteilten Verantwortung, bei der die Mitarbeiter am Zielfindungsprozess und an Implementierungsfragen beteiligt und Lösungen gemeinsam erarbeitet werden.[82] Verantwortung zu übertragen ist eines der wichtigsten Instrumente der beruflichen Motivation. So beschreibt Jürgen Kaschube die positiven Effekte bei der Einbeziehung von erlebter Verantwortung als Mediator im Motivationsprozess. Das positive Erleben von Arbeitsmerkmalen wie Anforderungsvielfalt und Bedeutsamkeit der Aufgabe soll die Arbeitsmotivation und Arbeitszufriedenheit sowie die Leistung erhöhen und Fehlzeiten sowie eine übermäßige Fluktuation senken.[83]

In der Praxis bietet geteilte Verantwortung sowohl für die Führungskraft als auch für den Mitarbeiter bedeutende Vorteile. Hartmut Laufer erläutert den Nutzen wie folgt:

Nutzen für die Führungskraft:

- Entlastung zugunsten wichtiger Führungsaufgaben
- Lösung auftretender Probleme auch bei Abwesenheit der Führungskraft
- Förderung der Entwicklung von Mitarbeitern für Vorgesetztenvertretungen
- Erkennen verborgener Entwicklungspotenziale von Mitarbeitern

Nutzen für die Mitarbeiter:

- Chancen für motivierende Erfolgserlebnisse steigen
- Stärkung von Verantwortungsbewusstsein
- Entwicklung von Selbständigkeit und Entscheidungsfähigkeit
- Erwerb neuer Fähigkeiten durch Erfahrungen, bessere Aufstiegschancen[84]

Für die Führungskräfte bedeutet dies allerdings Macht abzugeben und Risiken bei Misserfolgen einzugehen, wobei aber die Chancen eindeutig überwiegen.

---

[82] Vgl. Kasper, Mayrhofer, 2002, S. 301.
[83] Vgl. Kaschube, 2006, S. 61.
[84] Vgl. Laufer, 2008, S. 104.

Weiter beschreibt Hartmut Laufer eine Verantwortungshierarchie wie folgt:

- Gesamtverantwortung (nicht delegierbar)
- Entscheidungsverantwortung (fallweise delegierbar)
- Handlungsverantwortung (mit Arbeitsauftrag automatisch delegiert)[85]

Es kann festgehalten werden, dass die Gesamtverantwortung bei der Führungskraft verbleibt und nicht delegiert werden kann. Damit die Führungskraft dieser Gesamtverantwortung gerecht wird, muss sie sich regelmäßig davon überzeugen, das die delegierten Aufgaben im Sinne der Zielsetzung erledigt werden. Je mehr Verantwortung übergeben wird, umso intensiver muss die Kontrolle erfolgen. Herbert Frese spricht in diesem Zusammenhang von Dienstaufsicht und Erfolgskontrolle.[86] Die Schwierigkeit liegt jedoch im Widerspruch zwischen demokratischer Führung und Kontrolle. Hier gilt es die Balance zu wahren.

In Bezug auf die sachbezogene Organisation führt Reinhard Höhn weiter aus: „Die Delegationsbereiche selbst sind nach sachlichen Gesichtspunkten festzulegen. Es muß [!] also sachbezogen (ad rem) und nicht personenbezogen (ad personam) organisiert werden".[87]

Der Vorgesetzte hat somit die Aufgabe den entsprechenden Mitarbeiter zu finden, der den fest umrissenen Delegationsbereich ausfüllen kann. Bei der Teamzusammensetzung muss dies unbedingt berücksichtigt werden. Eine prozessbezogene Organisation bietet hier sicherlich Vorzüge, wobei es darauf ankommt die jeweiligen Bereiche anschließend mit den geeigneten Personen zu besetzen. Auch die im nun folgenden Abschnitt beschriebene Teamverantwortung spielt im Zusammenhang mit Delegation und geteilter Verantwortung eine wichtige Rolle.

---

[85] Vgl. ebenda, S. 108.
[86] Vgl. Frese, 1990, S. 23.
[87] Höhn, Böhme, 1968, S. 29.

3.2 Teamverantwortung / Führen im Team

3.2.1 Wissen

- „Gesamtheit der Kenntnisse und Fähigkeiten, die Personen zur Lösung von Problemen einsetzen"
- „ist immer an Personen gebunden"
- „stützt sich auf Daten und Informationen"[88]

In der heutigen Zeit der Informationsüberflutung ist es von Bedeutung, das vorhandene Wissen im Unternehmen strukturiert zu ordnen, aufzubauen und weiterzuentwickeln. Die Rede ist vom Wissensmanagement, welches Roland Bardy wie folgt erläutert: „Verbesserungen der betrieblichen Aktivität in allen ihren Funktionen, schnelle Anpassungen und Weiterentwicklungen der Aufbau- und Ablaufstrukturen und das Schaffen neuer Kompetenzen in den Wertschöpfungsketten: Zusammenfassend sind dies die Ziele funktionsbezogener Planungen. Sie sind nur zu realisieren auf der Basis des Handlungs- und Erfahrungswissens der Mitarbeiter und der Informationen über die kritischen, d. h. strategisch wie operativ unverzichtbaren Geschäftsprozesse. Der englischsprachige Begriff dafür ist »corporate intelligence«, und er bringt zum Ausdruck, dass Wissensmanagement mehr ist als nur Data Warehouse- und Intranet-Lösungen, die jedem, der es braucht („need to know") einen einfach zu handhabenden Zugriff auf das im Unternehmen vorhandene Know-how ermöglichen."[89]

Ebenso wichtig wie die technischen Voraussetzungen ist es die Bedingungen dafür zu schaffen, dass die Mitarbeiter überhaupt bereit und in der Lage sind ihr Wissen anderen Aufgabenträgern zur Verfügung zu stellen. Grundsätzlich gilt, dass der, der sein Wissen nicht teilt, die Notwendigkeit dazu im Einzelfall zu begründen hat. In diesem Sinn ist Wissen eine "Bringschuld". Gefragt ist somit eine zeitgemäße

---

[88] Competence-Site, URL: http://www.competence-site.de/wissensmanagement.nsf/cc/WEBS-7GFEYM!OpenDocument (13.07.2008).
[89] Bardy Consult, URL: http://www.bardy.de/cms/filemaster/publikationen/Planung_der_betrieblichen_Funktionen.doc (13.07.2008).

Personalführung, die aktives Teilen von Wissen belohnt. Gerade in der Teamarbeit ist ein teambasiertes Wissensmanagement unverzichtbar. Es geht darum das Wissen im Team zu verwalten und durch die Vernetzung des Wissens einen Mehrwert für das Team und somit für das Unternehmen zu erzielen.

3.2.2 Teamfähigkeit

In Stellenbeschreibungen gehört häufig Teamfähigkeit zu den Anforderungen an den potenziellen Stelleninhaber. Die Teamfähigkeit zählt wie das Vertrauen oder die Zuverlässigkeit zu den Sozialkompetenzen, welche häufig als so genannte "Soft Facts" oder „Emotionale Intelligenz" bezeichnet werden. Penny Schiffer und Boris von der Linde definieren die Teamfähigkeit wie folgt: „Im Allgemeinen versteht man unter Teamfähigkeit die Bereitschaft und die Fähigkeit, mit anderen zusammenzuarbeiten, Gedanken auszutauschen, gemeinsam Lösungen zu finden und sich im Team gegenseitig zu fördern. Nicht gemeint ist: Unterordnung, Verlust der Individualität, Gleichmacherei oder die eigenen Ziele aus den Augen verlieren".[90] Im beruflichen Umfeld, aber auch im Sport werden Menschen als teamfähig bezeichnet, wenn sie sich in eine Gruppe einordnen können um ein gemeinsames Ziel zu verfolgen, (siehe hierzu Punkt 3.3.1 Partizipation und Kollektivismus), ohne ihre Individualität aufgeben zu müssen. Ferner müssen die Personen den Willen haben sich in einer Gruppe auszutauschen, zu kommunizieren, Konflikte gemeinsam zu lösen und sich somit für die gemeinsame Sache einsetzen zu wollen.

Herbert Frese nennt in Bezug auf Teamfähigkeit die menschlichen Schwächen als Hindernisse. Da der Begriff „Team" aus dem Sport kommt, bildet die Fußballmannschaft ein gutes Beispiel. Hier zählt nicht der Erfolg eines Einzelnen, es kommt vielmehr auf den Erfolg der gesamten Mannschaft an. Teamarbeit bedeutet häufig Verzicht für den Einzelnen, der Erfolg wird aber dem gesamten Team zugeschrieben. Prestigebehaftetes, autoritäres Verhalten ist ebenso fehl am Platz wie mangelndes Verständnis für andere Meinungen.[91]

---

[90] Schiffer, Linde, 2002, S. 106.
[91] Vgl. Frese, 1990, S. 107f.

Zusammenfassend lässt sich festhalten: Es geht bei Teamfähigkeit in erster Linie darum, dass jedes Mitglied des Teams einschließlich des Teamleiters seine Fertigkeiten, seine Leistung, sowie sein Know-how im Sinne der gestellten Aufgabe optimal in das Team einbringt.

3.2.3 Methoden Modell

Die Delegation von Verantwortung stellt ein Methoden-Modell dar, welches zugleich einen demokratischen Führungsstil widerspiegelt. Für die teilautonome Arbeitsgruppe bietet sich hier idealtypisch die Gruppen- / Teamarbeit an. Helmut Kasper und Wolfgang Mayrhofer bezeichnen solche Gruppen insofern als autonom, als diese die individuellen Arbeitsvollzüge selbst steuern und kontrollieren können. Die externe Kontrolle (des Vorgesetzten) soll auf ein Minimum reduziert werden.[92] Rolf Bühner ergänzt diesen Ansatz: „Die Aufgabenverteilung innerhalb der Gruppe und die Steuerung der Leistungserstellung obliegen dabei der Gruppe (Teilautonomie)".[93]

3.2.4 In Systemen denken

Dieser Punkt soll das Denken in Systemen sowie dessen Zusammenhang mit der Teamarbeit und deren Verantwortung beschreiben. Peter Senge geht in seinem Buch „Die Fünfte Disziplin" davon aus, dass die lernende Organisation auf fünf Lerndisziplinen aufbaut, die er wie folgt gliedert:

- „Personal Mastery": beschreibt die Disziplin der Selbstführung und Persönlichkeitsentwicklung; diese Disziplin beschreibt unter anderem den Handwerksmeister, der sein Metier bis zu einem bestimmten Grad an Professionalität beherrscht;
- Mentale Modelle: Hierbei handelt es sich um Bilder und Symbole, die Einfluss darauf haben, wie wir die Welt wahrnehmen und wie wir handeln;
- eine gemeinsame Vision entwickeln: Anhand einer echten Vision lernen die Menschen aus eigenem Antrieb heraus und nicht, weil man es ihnen

---

[92] Vgl. Kasper, Mayrhofer, 2002, S. 308f.
[93] Bühner, 2005, S. 123.

aufträgt;

- Team-Lernen: Am Beispiel des Sports wird deutlich, dass Lernen im Team möglich ist. Die Voraussetzung hierfür ist, dass sich die Teammitglieder auf ein gemeinsames Denken einlassen;
- Systemdenken: Das Systemdenken fördert alle anderen Disziplinen und macht deutlich, dass das Ganze mehr sein kann als die Summe aller Teile.[94]

Mit dem Systemdenken beschreibt Peter Senge die fünfte Lerndisziplin. Diese integriert die vier anderen Disziplinen und soll den Grundstein für die Weltanschauung einer lernenden Organisation darstellen. In der Beschreibung zur fünften Disziplin des Systemdenkens führt Peter Senge weiter aus: „Die Disziplin des Systemdenkens zielt darauf, daß [!] man »Ganzheiten« erkennt. Diese Disziplin schafft die Voraussetzungen, damit wir Wechselbeziehungen statt unbeweglicher Dinge wahrnehmen und Veränderungsmuster statt statischer »Schnappschüsse«. Die Theorie vom Systemdenken ist eine Sammlung allgemeiner Prinzipien, die im Laufe des 20. Jahrhunderts entwickelt wurden und die so unterschiedliche Gebiete wie die Natur- und Sozialwissenschaften, die Ingenieurswissenschaften und das Management umfassen".[95]

Für die Verantwortung innerhalb eines Teams sowie für das Führen von Teams bedeutet die aus den „Fünf Disziplinen" gewonnene Erkenntnis, dass ein Team eine Gruppe von Menschen darstellt, die sich gegenseitig brauchen um voneinander zu lernen und dadurch gemeinsam ein gewünschtes oder gefordertes Ziel zu erreichen. Im Laufe der Zeit werden sich diese Fähigkeiten weiterentwickeln.

3.3 Perspektiven der Eigenverantwortung

Eigenverantwortung ist ein beliebter Begriff. Die Politik versucht der arbeitenden Bevölkerung deutlich zu machen, dass „Lebenslanges Lernen" der Eigenverantwortung unterliegt. Auch hinsichtlich des Gesundheitswesens und der

---

[94] Vgl. Senge, 2001, S. 16ff.
[95] Senge, 2001, S. 88.

Altersvorsorge ist einmal mehr die Rede von Eigenverantwortung. Dahinter versteckt sich nicht selten die Absicht der Politiker den Bürgern zusätzliche Leistungen abzufordern.

Aus wissenschaftlicher Sicht versucht Jürgen Kaschube den Begriff Verantwortung zu erläutern. Er unterscheidet zwischen Handlungsfolgenverantwortung und Aufgabenverantwortung. Bei der Handlungsfolgenverantwortung wird eine Übernahme von Pflichten, Risiken und Verantwortung für die Folgen gefordert, die sich aus Handlungen ergeben. Bei der Aufgabenverantwortung (verantwortliches Handeln) erfolgt eine Unterteilung in reine Pflichterfüllung und in eigenverantwortliches Handeln. Weiter geht Jürgen Kaschube davon aus, dass eine klare Trennung zwischen Verantwortung insgesamt und Eigenverantwortung nicht gegeben ist.[96]

Neben der Eigenverantwortung findet man in der Fachliteratur häufig auch den Begriff der „Selbstverantwortung", der der Eigenverantwortung grundsätzlich gleichzusetzen ist. Reiner Sprenger ist der Überzeugung, dass es nahezu unmöglich ist Verantwortung zu delegieren. Er führt wie folgt aus: „Selbstverantwortung ist eine Einstellung. Sie ist nicht übertragbar. Aufgaben können Sie delegieren, Verantwortung nicht. Verantwortung kann nur der Mitarbeiter nehmen – wenn er will, weil er es gewählt hat, wenn er der inneren Einstellung nach selbstverantwortlich ist, wie immer auch die juristische Sündenahndung aussehen mag. In diesem Sinne ist Verantwortung immer Selbstverantwortung".[97]

Es kann somit davon ausgegangen werden, dass Verantwortungsübernahme (responsibility) grundsätzlich freiwillig erfolgt. Jedoch gibt es auch die Variante, bei der Verantwortung durch die Außenwelt übertragen wird. In diesem Fall spricht man von der Verantwortungszuschreibung (accountability). Diese Zuschreibung von Verantwortung übt zweifellos eine bindende Wirkung und somit großen Druck auf die betroffene Person aus. Dennoch ist

---

[96] Vgl. Kaschube, 2006, S. 22f.
[97] Sprenger, 2002, S. 171.

Verantwortungsübernahme nicht selbstverständlich, da sie von einer Person auch zurückgewiesen werden kann. Sie besitzt somit eine situative Komponente.[98]

Wie bereits ausgeführt verfolgt der demokratische Führungsstil das Ziel, den Mitarbeitern Gestaltungsspielraum zu lassen und somit ein selbständiges Handeln zu ermöglichen. Der folgende Punkt 3.4 soll deutlich machen, wie sich die Eigenverantwortung in Unternehmen darstellen lässt.

3.4 Eigenverantwortung in Unternehmen

An dieser Stelle soll der Begriff Verantwortung nochmals explizit aufgegriffen und der Unterschied zwischen Fremdverantwortung und Eigenverantwortung hervorgehoben werden. In Unternehmen wird bei der Delegation von Aufgaben häufig davon ausgegangen, dass mit der Übergabe der Tätigkeit ebenfalls die Verantwortung übertragen wurde. Dies ist jedoch nicht selbstverständlich der Fall. Jürgen Kaschube erläutert den Unterschied, indem er, wie oben bereits erwähnt, die Verantwortung in Fremdverantwortung und Eigenverantwortung trennt. Fremdverantwortung kommt in Situationen zum Tragen, bei denen die Verantwortung für die delegierten Aufgaben beim Delegierenden verbleibt. Eigenverantwortung hingegen beschreibt den Fall, dass die Verantwortung mit der Aufgabe gemeinsam delegiert respektive einer anderen Person übergeben wird.[99]

Eigenverantwortung gehört wie das selbständige Arbeiten zu den so genannten Motivatoren, die häufig auch Anspornfaktoren genannt werden. Hierbei handelt es sich um selbst begründete Handlungsanreize, die gleichermaßen wie die Anerkennung, eine erweiterte Entscheidungsbefugnis oder verbesserte Aufstiegschancen für Arbeitszufriedenheit und Leistungsbereitschaft sorgen können.[100]

Der Verantwortungsbereich selbst wird mit der Stellenbeschreibung auf Sachebene umrissen und damit ein Teil der Aufgabe. Eine Führungskraft erhält somit die Rollenverantwortung für einen Teil der Aufgaben, die durch die ihr zugeteilten Mitarbeiter zu erledigen sind.

---

[98] Vgl. Kaschube, 2006, S. 86f.
[99] Vgl. ebenda, S. 18.
[100] Vgl. Laufer, 2008, S. 124.

Bezüglich der Eigenverantwortung im Unternehmen sollte auch das „Rollenverhalten" kurz angesprochen werden. Jürgen Kaschube unterteilt die Eigenverantwortung in mehrere Rollen und schreibt diesen eine gewisse Freiwilligkeit zu. So gibt es unter anderem die „Selbst initiierte Eigenverantwortung", bei der ein Akteur durch eigenverantwortliches Handeln, im Rahmen der vorhandenen Vorgaben, eine Lösung herbeiführt. Die „Erzwungene Eigenverantwortung" entsteht dagegen z. B. dort, wo es innerhalb der Organisation Änderungen im Prozess gegeben hat, die die Zuordnung von Verantwortung verschieben, ohne dass jedoch eine geeignete Vorgabe zur Lösung gegeben ist. Hier wird eine eigenverantwortliche Entscheidung erzwungen.[101]

Auch Peter Drucker setzt sich stark für das Übertragen von Verantwortung und für die Eigenständigkeit der Mitarbeiter ein. So schreibt er in diesem Zusammenhang: „Die Befreiung der Wissensarbeiter (von der Kontrolle) hat zur Folge, dass ihnen die Führung und die Perspektive überlassen wird, die sie brauchen um ihre eigene Leistung einschätzen und regeln, aber auch die Verantwortung für die Ergebnisse übernehmen zu können".[102]

Sofern es dem Unternehmen gelingt „Selbst initiierte Eigenverantwortung" zu fördern, besteht die Möglichkeit im Rahmen der bereits angesprochenen autonomen Arbeitsgruppen eine gewisse Gruppenoptimierung zu erreichen. Durch Eigenständigkeit und übertragene Verantwortung erhält die Gruppe die Möglichkeit unternehmerisch zu denken und zu arbeiten.

Aus der Perspektive des Unternehmens stellt sich die Frage, wie viel Eigenverantwortung der Mitarbeiter gut für das Unternehmen ist, bzw. ob zu viel Eigenverantwortung der Mitarbeiter dem Unternehmen schaden kann. Hinsichtlich dieser Fragestellung vertritt Jürgen Kaschube die Ansicht, dass es schwierig ist, das richtige Maß an Eigenverantwortung zu finden. Zum einen ist unklar, was Mitarbeiter für die reflektierte Übernahme von Eigenverantwortung qualifiziert, zum anderen ist davon auszugehen, dass die diesbezüglich qualifizierten Mitarbeiter auf

---

[101] Vgl. Kaschube, 2006, S. 193.
[102] Drucker, 2007, S. 199.

dem Arbeitsmarkt höchst gefragt sind und aus diesem Grund als eher teuer eingestuft werden müssen.[103]

Für die Mitarbeiter und für die Unternehmen stellt sich nun also die Aufgabe ein Gleichgewicht an Eigenverantwortung zu entwickeln, das sowohl den Mitarbeiter in seiner unternehmerischen Denkweise fördert und unterstützt als auch dem Unternehmen neue Chancen und Möglichkeiten der Entwicklung bietet.

3.5 Fazit und Vorschau

Durch die Übertragung von Verantwortung auf die Mitarbeiterebene wird erkennbar, welche Mitarbeiter sich unternehmerisch verhalten. Die erzielten Ergebnisse werden in den 360°-Feedback-Gesprächen (siehe Punkt 2.2.7) vermittelt und nicht nur dem Vorgesetzten zugerechnet. Der Mitarbeiter erhält die Möglichkeit hervorzutreten und als potenzieller Führungsnachwuchs erkannt zu werden. Ein wirksames Werkzeug zur Kommunikation bietet ein Kennzahlensystem, welches die Erfolge der jeweiligen Mitarbeiter nachhaltig aufzeigen kann. Abschnitt 3 dieser Arbeit hat im Sinne ihrer Aufgabenstellung aufgezeigt, welche Aufgaben es in Bezug auf Delegation und Verantwortung für das Personalmanagement gibt (siehe Punkt 2) und welche Chancen sich aus deren erfolgreicher Lösung global tätigen Unternehmen bieten. Nicht zu vernachlässigen sind in jedem Fall der Bereich Ethik und die moralische Verpflichtung demjenigen gegenüber, dem Verantwortung übertragen werden soll.

Die Management- und Führungskonzepte von Reinhard Höhn, Peter Ulrich und Peter Drucker bestehen zum Teil seit mehreren Jahrzehnten. Sie haben den Sprung von der theoretischen Wissenschaft in die Praxis der Wirtschaft geschafft und nehmen dort einen festen Platz ein, wobei sie weit über die theoretischen Modelle hinausgehen. So wird „Management-by-..." noch heute im Rahmen des theoretischen Unterrichts an den Universitäten gelehrt und fortentwickelt, aber die Konzepte bieten auch, wie die hier vorliegende Arbeit zeigt, praxisorientierte Führungsmethoden, auf die im Weiteren erneut eingegangen wird. Der sich jetzt

---

[103] Vgl. Kaschube, 2006, S. 279f.

anschließende Abschnitt gibt zunächst einen Überblick über die derzeit gängigen Kennzahlensysteme wie sie heute in Wirtschaftsunternehmen zur Anwendung kommen.

4 Kennzahlen (Key Performance Indicators)

"Miss alles, was sich messen lässt, und mach alles messbar, was sich nicht messen lässt"[104] Galileo Galilei (1564 – 1642)

Es ist nicht Aufgabenstellung dieser Master Thesis eine vollständige Abbildung aller Kennzahlen und Kennzahlensysteme zu geben. Vielmehr geht es darum einen Zusammenhang zwischen Kennzahlensystemen und Führung durch Eigenverantwortung herzustellen. Der Autor beschränkt sich daher auf die für das Verständnis dieses Zusammenhangs notwendigen Kernpunkte.

Kennzahlen haben sich in vielen Unternehmen und in diversen Unternehmensbereichen als wichtiges Instrument und Hilfsmittel bewährt. Bei dem Begriff „Key Performance Indicators" (kurz KPIs) handelt es sich um Kennzahlen, die meist aus betriebswirtschaftlichen Sachverhalten abgeleitet werden. Die englische Bezeichnung „KPIs" ist nahezu gleichermaßen bekannt wie die deutsche Bezeichnung der Betriebswirtschaftlichen Kennzahlen, aber sie bringt deutlicher als der deutsche Begriff zum Ausdruck, dass im Fokus die Leistung (*"Performance"*) steht. In der Fachliteratur gibt es hierzu unzählige Definitionen. Zum besseren Verständnis soll hier folgendes Zitat eingefügt werden: „Kennzahlen reduzieren das komplexe Unternehmensgeschehen auf griffige Zahlen und geben so in kompakter Form Auskunft

- über Stärken und Schwächen eines Unternehmens
- über seine momentane Situation und
- über seine tatsächlichen Entwicklungen – gleichgültig in welche Richtung – sowie
- seine Möglichkeiten und Chancen"[105]

Anders formuliert: Betriebswirtschaftliche Kennzahlen zeigen den Erfüllungsgrad bzw. den Fortschritt hinsichtlich wichtiger Zielsetzungen sowie kritische

---

[104] Zitate, URL: http://www.zitate-zitat.de/zitat.php/10801 (22.07.2008).
[105] Ossola-Haring, 1999, S. 15.

Erfolgsfaktoren innerhalb eines Unternehmens auf. Im Kontext mit Kennzahlen geht es demnach immer um Leistungsmessung und Bewertung. Peter Preißler beschreibt Kennzahlen folgendermaßen: „Kennzahlen sind unverzichtbares unternehmerisches Führungsinstrument, um die Gesamtzusammenhänge in einem Unternehmen sichtbar zu machen und sind das wichtigste Analyseinstrument zur Erkennung möglicher Schwachstellen".[106]

4.1 Klassifikation und Funktionen von Kennzahlen

Unter Klassifikation ist eine Strukturierung zu verstehen, die versucht Kennzahlen einem gewissen Raster zuzuordnen. Thomas Reichmann nimmt eine Unterteilung in folgende fünf Bereiche vor:

- Informationsbasis
- Statistische Form
- Zielorientierung
- Objektbereich
- Handlungsbezug

Die Informationsbasis soll als informativer Speicher verstanden werden, in der die Ergebnisse der Kostenrechnung und Buchhaltung inkl. der Bilanzen für interne und externe Interessengruppen nachgehalten werden.[107]

Die Statistische Form nimmt eine Klassifizierung in absolute Zahlen, also Einzelkennzahlen, und in relative Kennzahlen, also Beziehungs- oder Gliederungskennzahlen, vor. Bei Einzelkennzahlen handelt es sich um wichtige Einzelinformationen wie zum Beispiel den Umsatz oder die Mitarbeiteranzahl eines Unternehmens. Gliederungszahlen entstehen immer dann, wenn eine Teilgröße in Beziehung zu einer Gesamtgröße gesetzt wird. Ein Beispiel hierfür wäre die

---

[106] Preißler, 2008, S. 4.
[107] Vgl. Reichmann, 2001, S. 21f.

Exportquote, bei der der Auslandsumsatz ins Verhältnis zum Gesamtumsatz gesetzt wird.[108]

Eine Zielorientierung liegt vor, indem nach Erfolgs-, Liquiditäts- oder Produktivitätskennzahlen unterschieden wird. Ein gesamtbetrieblicher Objektbereich benötigt Kennzahlen, die sich auf einen gesamtbetrieblichen Zusammenhang beziehen. Im Hinblick auf den Handlungsbezug wird zwischen normativen und deskriptiven Werten unterschieden. Als normative Größen werden Ziele betrachtet, die eine konkrete Handlungsaufforderung darstellen. Deskriptive Größen hingegen beschreiben Sachverhalte, die einer weiteren Analyse bedürfen.[109]

Kennzahlen weisen generell einen informativen Charakter auf. Manfred Weber erläutert, dass anhand von Messungen eine Momentaufnahme durchgeführt wird, die eine Darstellung des aktuellen Ist-Zustandes ermöglicht. Kennzahlen bilden in den meisten Fällen jedoch lediglich eine statische Momentaufnahme, die es anschließend zu interpretieren gilt. Aktuelle Messungen dienen somit meist der Kontrolle einer vergangenen Periode. Werden diese Datenerhebungen in regelmäßigen Zeiträumen wiederholt, besteht die Möglichkeit anhand des gewonnenen Zahlenmaterials mit einem so genannten Soll-Ist-Vergleich einen Zielerreichungsgrad zu messen.[110] Kennzahlen haben somit die Funktion, Informationen zur Verfügung zu stellen, die für konkrete Entscheidungssituationen benötigt werden. Hierbei macht Thomas Reichmann eine Unterscheidung zwischen der Bereitstellung von rein deskriptiven und von normativen Informationen. Die normativen Informationen von Kennzahlen dienen als Zielvorgabe für untergeordnete Instanzen und sind Voraussetzung für einen erfolgreichen Kontrollprozess.[111]

Eine mehrfache Wirkung von Kennzahlen nennt Peter Preißler:

---

[108] Vgl. Weber, S. 12ff.
[109] Vgl. Reichmann, 2001, S. 22.
[110] Vgl. Weber, 2002, S. 21.
[111] Vgl. Reichmann, 2001, S. 21.

- sie setzen Maßstäbe
- sie üben Kontrollfunktionen aus
- sie ermöglichen Benchmarking in Form innerbetrieblicher und außerbetrieblicher Vergleiche
- sie stellen vieldimensionale Sachverhalte des Unternehmens dar
- sie können Schwachstellen aufzeigen
- sie geben Zielvorgaben vor[112]

Kennzahlen sollen also in erster Linie über ein Unternehmen berichten, Transparenz schaffen und einen möglichst genauen Ausblick in die Zukunft ermöglichen. Eine ihrer Hauptfunktionen ist aber die Leistungsmessung und dafür gibt es sowohl in technischen als auch in administrativen Bereichen zahlreiche Anwendungsmöglichkeiten.

4.2 Leistungsmessung

In diesem Zusammenhang muss man sich zuerst die Frage stellen: Was ist Leistung? Hierzu schreibt Waldemar Stotz: „Unter Leistung versteht man das Verhältnis der Arbeit zur Arbeitszeit. Je mehr Zeit zur Verrichtung einer bestimmten Arbeit vorhanden ist, desto geringer ist die benötigte Leistung".[113] Die Leistung wird jedoch von verschiedenen Faktoren beeinflusst, die technischer und sozialer Art sein können. So spielt die Motivation ebenso eine Rolle wie das Potenzial des Mitarbeiters als auch sein persönliches Umfeld.

Die Leistungsmessung (im Amerikanischen: „Performance Measurement") benutzt verschiedene Einzelkennzahlen und auch Kennzahlensysteme. Diese sind in der Regel anwendungs- und bereichsspezifisch aufgebaut. So kann man etwa für den Bereich Einkauf und Materialwirtschaft Einzelkennzahlen folgendermaßen kategorisieren:

- Rahmen- und Strukturkennzahlen

---

[112] Vgl. Preißler, 2008, S. 4.
[113] Stotz, 2007, S. 27.

- Zeitkennzahlen und Qualitätskennzahlen
- Preiskennzahlen
- Kostenkennzahlen
- Prozesskennzahlen
- Lieferantenkennzahlen.[114]

Diese Arten von Leistungskennzahlen lassen sich nicht ohne weiteres auf unterschiedliche Verwendungszwecke anwenden. Was explizit gemessen werden soll, hängt immer vom Untersuchungsobjekt ab. In Bezug auf gleichartige Objekte kann man allerdings generalisieren und so gibt es Kennzahlensysteme, die dort jeweils allgemein einsetzbar sind. Beispiele dafür sind, um im Bereich Einkauf und Materialwirtschaft zu bleiben, folgende Systeme:

- die ECR-Scorecard (Efficient Consumer Response), die häufig im Handel sowie bei Logistikdienstleistern zum Einsatz kommt
- SCOR-Modelle; beinhalten Messgrößen, die zur Darstellung umfangreicher Supply Chains benötigt werden; des Weiteren dienen sie zur Abbildung und Beschreibung logistischer Zusammenhänge sowie zur Ermittlung ihrer Performance[115]

Kennzahlensysteme, die noch allgemeiner sind, werden unter Punkt 4.4 vorgestellt.

Handelt es sich bei dem Untersuchungsobjekt um die Teamarbeit, sind teamorientierte Leistungskennzahlen zu entwickeln. Peter Horváth nennt Leistungskennzahlen, die einen Bezug zu Teambildung und Teamleistung haben, im Zusammenhang mit der Lern- und Entwicklungsperspektive der Balanced Scorecard (s. hierzu Punkt 4.4.1) am Beispiel eines Versicherungsunternehmens. Hierbei unterscheidet er folgende sechs Kennzahlen:

---

[114] Vgl. Bardy Consult, URL: http://www.bardy.de/cms/filemaster/publikationen/Seminar_BalScCd_SC.ppt (20.07.2008).
[115] Bardy Consult, URL: http://www.bardy.de/cms/filemaster/publikationen/Seminar_BalScCd_SC.ppt (20.07.2008).

- Interner Umfang der Teamarbeit
- Anteil am Produktivitätswachstum
- Umfang der integrierten Projektarbeit
- Inanspruchnahme der Schadenskontrolle
- Prozentsatz der von Teams entwickelten Unternehmenspläne
- Prozentsatz der Teams mit gemeinsamen Incentives[116]

"Incentives" steht als englische Bezeichnung für Anreize respektive für: „Leistungsprämien. Dies können Geld- oder Sachwerte aber auch immaterielle Zuwendungen sein. Incentives werden meist innerhalb von Unternehmen als Mittel zur Mitarbeitermotivation eingesetzt".[117]

Im Sinn der Aufgabenstellung dieser Master Thesis wird bei der Entwicklung eines Praxismodells für die Kreditorische Rechnungsprüfung der Leistungsmessung ein besonderer Stellenwert eingeräumt.

4.3 Grenzen des Arbeitens mit Kennzahlen

Kennzahlen bieten eine sehr wichtige und nützliche Kontrollgrundlage um als Steuerungs- und Planungswerkzeug innerhalb eines Unternehmens eingesetzt werden zu können. Man muss sich aber bewusst machen, dass Kennzahlen, abgesehen von ihrem Nutzen, auch einige Gefahren beinhalten können. Die Qualität einer Kennzahl ist maßgeblich davon abhängig, wie genau oder zufällig eine Basisinformation erhoben wurde. Thomas Reichmann sieht auch eine Gefahr darin, dass häufig der gedankliche Hintergrund der aufgestellten Kennzahl fehlerhaft ist. Als weitere Gefahr nennt er das inadäquate Interpretieren von Einzelkennzahlen, die durch isolierte Betrachtung quantitativer Informationen zu einem bestimmten Sachverhalt entstehen. Dieser Gefahr könne man entgehen, wenn zu der Einzelbetrachtung der quantitativen Werte immer auch eine

---

[116] Vgl. Horváth, 1997, S. 137.
[117] VNR, URL: http://www.vnr.de/glossar/incentives/ (20.07.2008).

qualitative Information erhoben werde.[118] Ein Beispiel hierfür wäre eine Kennzahlen-Aussage im Zusammenhang von Liefermängeln (Reklamationen) und Umsatzausfall aufgrund von Gutschriften. Eine Kennzahl für die Gutschriftenquote, ausgedrückt in Prozent, zeigt den Anteil von Gutschriften aufgrund von Qualitätsmängeln. Hieraus ergeben sich wichtige Rückschlüsse auf die Qualität der Produktion oder der organisatorischen Abläufe.[119] Eine weitere Gefahr besteht darin, dass zu viele Kennzahlen erhoben werden und der daraus resultierende Aufwand einen erheblichen Teil der Kapazität bindet. Die Auswertung dieser Zahlenmengen wird dann häufig unübersichtlich und ist meist wenig aussagekräftig. Manfred Weber spricht in diesem Zusammenhang von einer Kennzahleninflation und empfiehlt eine Beschränkung auf höchstens 15 bis 20 Kennzahlen, wenn diese ein einzelner Mitarbeiter verfolgen soll.[120] Diese Meinung vertreten auch Frank Herrmann und Franz-Josef Seidensticker in ihrem Beitrag im Harvard Business Manager: „Der Economic Profit ist eine adäquate Kennzahl für einen CEO - für einen operativ arbeitenden Manager der mittleren Ebene ist er jedoch bedeutungslos, da er gar nicht befugt ist, wesentlichen Einfluss auf den Economic Profit zu nehmen. Jeder Entscheider muss also die maximal 20 Kennzahlen bekommen, die für sein Handeln wichtig sind".[121]

Bei der Betrachtung von Schlüsselkennzahlen sollte darauf geachtet werden, dass diese einer unterschiedlichen Fristigkeit unterliegen. Claudia Ossola-Haring empfiehlt, wichtige Kennzahlen - wie zum Beispiel den Umsatz - monatlich zu betrachten, ohne jedoch die mittel- und langfristige Betrachtung zu vernachlässigen. Auf diese Weise ist es möglich Veränderungen rechtzeitig zu erkennen und frühzeitig darauf reagieren zu können.[122]

---

[118] Vgl. Reichmann, 2002, S. 22.
[119] Vgl. Ossola-Haring, 1999, S. 318.
[120] Vgl. Weber, 2002, S. 22.
[121] Herrmann, F., Seidensticker, F.J.: Die 20-Zahlen-Diät, in: Harvard Business Manager, Nr. 8, 27.07.2004, S. 8-9.
[122] Vgl. Ossola-Haring, 1999, S. 20.

Nicht zuletzt besteht die Gefahr, dass aufgrund einer zu großen Datenmenge einzelne Werte entweder subjektiv falsch interpretiert oder gezielt manipuliert werden.

Kennzahlen müssen grundsätzlich eine leichte Verständlichkeit aufweisen. Es besteht das Risiko, dass bei einer zu großen Anzahl von Einzelkennzahlen der Gesamtzusammenhang verloren geht. Aus diesem Grund werden so genannte Kennzahlensysteme genutzt um Einzelkennzahlen verständlich darzustellen.

4.4 Allgemeine Kennzahlensysteme

Viele Sachverhalte lassen sich durch einzelne Kennzahlen nicht ausreichend beurteilen. Für eine intensive Unternehmensanalyse ist eine Vielzahl von Kennzahlen notwendig, die sich durch ein geordnetes Kennzahlensystem einfacher darstellen und interpretieren lassen. Wie bereits bei den Kennzahlen gibt es auch bei den Kennzahlensystemen unterschiedliche Definitionen. Dies liegt unter anderem daran, dass Kennzahlensysteme unterschiedliche Betrachtungsweisen ermöglichen. Meist erfolgt eine Unterteilung in rechnerisch verknüpfte Systeme und Systeme, die einen sachlogischen Zusammenhang abbilden.

Abbildung 5 zeigt ein Rechensystem, von dessen Spitzen-Kennzahl ausgehend die Kennzahlen mathematisch und sachlogisch miteinander in Verbindung gebracht werden.[123]

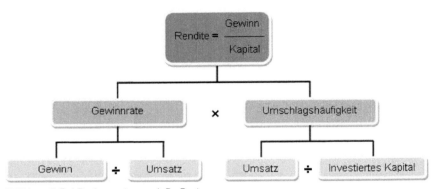

Abbildung 5: RoI-Rechensystem nach Du Pont
Quelle: Preißler, 2008, S. 49 (eigene Darstellung).

Die folgende Abbildung 6 zeigt ein Ordnungssystem mit sachlogischen Verbindungen, ohne mathematische Beziehungen.

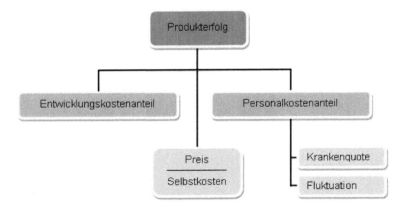

Abbildung 6: Ordnungssystem
Quelle: Preißler, 2008, S. 18 (eigene Darstellung).

---

[123] Vgl. Preißler, 2008, S. 18.

„Ordnungssysteme sind sehr flexibel und werden dort eingesetzt, wo sich die Kennzahlen nicht mathematisch miteinander verknüpfen lassen, wo es aber im Sinne der Darstellung des Sachverhaltes sinnvoll ist, eine Gesamtbetrachtung vorzunehmen".[124]

Manfred Weber definiert Kennzahlensysteme wie folgt: „Betriebswirtschaftliche Kennzahlensysteme umfassen zwei oder mehrere Kennzahlen, die in einer sinnvollen Beziehung zueinander stehen, wodurch das Analyseobjekt besser erfaßt [!] wird. Solche Kennzahlensysteme haben gegenüber einer einzelnen Kennzahl zwei Vorteile:

- Kennzahlensysteme zeigen, aus welchen »Unterkennzahlen« sich eine bestimmte Kennzahl zusammensetzt. Die Auswirkungen einer Kennzahlenänderung lassen sich an der anderen Kennzahl ablesen.

- Ferner sind sie breiter angelegt als eine einzelne Kennzahl, erfassen somit die Komplexität eines Unternehmens umfassender".[125]

Ein Kennzahlensystem bildet somit eine Gesamtheit von Kennzahlen ab, zwischen denen eine Beziehung hergestellt werden kann. Meist verdichtet sich ein Kennzahlensystem in einer monetären Spitzenkennzahl. Diese Gesamtschau hat Péter Horváth vor Augen, wenn er definiert: „Ein Kennzahlensystem ist als eine geordnete Gesamtheit von Kennzahlen zu verstehen, die in einer Beziehung zueinander stehen [!] und so als Gesamtheit über einen Sachverhalt vollständig informieren".[126]

Die folgenden Systeme werden in der Fachliteratur zu den derzeit bekanntesten gezählt:

- Das Du-Pont-Kennzahlensystem wurde bereits 1919 vom amerikanischen Du-Pont-Konzern entwickelt und zählt zu den ältesten Systemen seiner Art. Als Spitzenkennzahl wird der so genannte RoI (Return on Investment)

---

[124] Preißler, 2008, S. 17.
[125] Weber, 2002, S. 37.
[126] Horvát, 2006, S. 545.

angesetzt. Das System stellt ein Rechensystem dar und gilt als Vorbild für viele nachfolgende Kennzahlensysteme.[127]

- Das Rentabilitäts- und Liquiditäts-Kennzahlensystem (kurz RL-Kennzahlensystem), das ein sachlogisches Ordnungssystem darstellt, ist sowohl für Analysezwecke als auch als Hilfsmittel zur Unternehmensführung konzipiert. Die zentralen Kenngrößen sind Erfolg und Liquidität, wodurch es bestens für zwischenbetriebliche Vergleiche (Benchmarking) geeignet ist.[128]

- Das RoI-Cash-Flow-Kennzahlensystem wurde von Dietger Hahn entwickelt und dient hauptsächlich der vergangenheits- und zukunftsorientierten Analyse. Die vornehmlich monetären Größen stammen aus dem Rechnungswesen des jeweiligen Unternehmens.[129]

- Das ZVEI-Kennzahlensystem wurde erstmals 1969 vom Zentralverband der Elektronik- und Elektrotechnikindustrie e. V. veröffentlicht. Es stellt eine Mischform von Ordnungssystem und Rechensystem dar. Die Vorteile beider Systeme können hier miteinander kombiniert werden.[130]

Im Laufe der Jahre wurden Kennzahlensysteme ständig weiterentwickelt. Heutzutage kommt häufig der Begriff "Management-Informationssystem" oder "ganzheitliches Managementsystem" zur Anwendung. Der Vorteil liegt unter anderem darin, dass die monetären (harten) Kennzahlen mit so genannten "weichen" Erfolgsfaktoren verknüpft werden.[131] Martin Weiss, Bernd Zirkler und Brigitte Guttenberger verwenden in diesem Zusammenhang den Begriff "Performance Measurement System" (kurz PMS). Dabei heben sie die Ausgeglichenheit der verwendeten Kennzahlen wie folgt hervor: „Damit das PMS einen möglichst genauen Überblick über die Gesamtleistung des Unternehmens geben kann, müssen sowohl finanzielle als auch nicht-finanzielle, interne wie externe,

---

[127] Vgl. Reichmann, 2002, S. 26.
[128] Vgl. Preißler, 2008, S. 17f.
[129] Vgl. Reichmann, 2002, S. 27.
[130] Vgl. Hopfenbeck, 2002, S. 809.
[131] Vgl. Preißler, 2008, S. 59.

vergangenheits- wie zukunftsorientierte und schließlich Ergebnis- wie Treiberkennzahlen mit einbezogen werden".[132]

Zu diesen Systemen zählen vor allem:

- Balanced Scorecard
- Six Sigma
- und das EFQM-Modell

Da sich die hier vorliegende Master Thesis im Hinblick auf die Aufgabenstellung nur begrenzt mit den rein monetären Kennzahlen beschäftigt, werden diese nicht weiter vertieft. Stattdessen werden die Balanced Scorecard, Six Sigma und das EFQM-Modell näher betrachtet.

4.4.1 Balanced Scorecard

Anfang der 90er-Jahre entwickelten Robert Kaplan und David Norton die Balanced Scorecard. Diese unterscheidet sich von den traditionellen Kennzahlensystemen insofern, als nicht ausschließlich monetäre Kennzahlen berücksichtigt wurden. Die meist finanzielle Ausrichtung konnte überwunden werden.[133] Die Balanced Scorecard verknüpft den Gedanken der Ausgewogenheit (balanced) mit den Details eines Berichtsbogens (Scorecard). Herwig Friedag und Walter Schmidt stellen fest: „Die Balanced Scorecard soll allen Beteiligten mit Hilfe geeigneter Kennzahlen konkret vermitteln, wie die strategischen Ziele mit der Mission und der Vision des Unternehmens zusammenhängen und wie sie praktisch umzusetzen sind. Die Kennzahlen müssen in kommunikativer Zusammenarbeit aller Beteiligten daher so dargestellt werden, dass sie allen Mitarbeitern verständlich sind".[134]

Die Ziele und Kennzahlen dieses Berichtsbogens werden von der Vision und der Strategie des Unternehmens abgeleitet und fokussieren die Unternehmensleistung aus den vier Perspektiven: Der finanziellen Perspektive, der Kundenperspektive, der Perspektive der internen Geschäftsprozesse sowie der

---

[132] Weiss, M., Zirkler, B., Guttenberger, B.: Performance Measurement Systeme und Ihre Anwendung in der Praxis, in: Controlling, Heft-Nr. 3, 2008, S. 139-147.

[133] Vgl. Horváth, 1997, S. 8.

[134] Friedag, Schmidt, 1999, S. 13.

Innovationsperspektive.[135] Die folgende Abbildung 7 zeigt die vier Perspektiven, die für die Umsetzung einer Strategie von Bedeutung sein können.

Abbildung 7: Balanced Scorecard als Rahmen zur Umsetzung einer Strategie
Quelle: Horváth, 1997, S. 9 (eigene Darstellung).

- „Die Kennzahlen der Finanzperspektive einer Balanced Scorecard sollen die strategischen Zielstellungen des Unternehmens in die Sprache der Anteilseigner übersetzen".[136] Gängige Kennzahlen hierfür sind zum Beispiel: Umsatzrentabilität, Umsatzwachstum, Gewinn oder Cash Flow.

- Die Markt- und Kundenperspektive betrachtet den Erfolg der Strategie hinsichtlich ihrer Effekte auf den Zielmärkten und am Kunden. Finanzielle Ergebnismessgrößen werden mit spezifischen Leistungstreibern über eine gemeinhin hohe Korrelation mit Größen wie Kundenzufriedenheit ins Verhältnis gesetzt.[137] Mögliche Kennzahlen für die Kundenperspektive sind: Marktanteil, Beschwerdehäufigkeit, Index zur Kundenbindung oder Kundenzufriedenheit.

---

[135] Vgl. Horváth, 1997, S. 8.
[136] Friedag, Schmidt, 1999, S. 183.
[137] Vgl. Reichmann, 2001, S. 588.

- Die interne Prozessperspektive soll versuchen die wesentlichen strategischen Punkte der Hauptkomponenten zu charakterisieren. Nach Herwig Friedag und Walter Schmidt zählen hierzu die Identifikation und Umsetzung von Kundenwünschen, die betriebliche Leistungserstellung, die Kundendienstaktivitäten sowie die interne als auch externe Kommunikation.[138] Die Dauer einer Angebotserstellung oder die Dauer der Reklamationsbearbeitung könnten hier eine Kennzahl darstellen.

- Die Lern- und Entwicklungsperspektive bildet gewissermaßen den Schlussstein in der Architektur der Balanced Scorecard. In ihr findet die Bedeutung der Mitarbeiter als wichtigste Ressource im Unternehmen eine angemessene Berücksichtigung. Von den Mitarbeitern hängt entscheidend ab, ob und wie die Ziele und Sollwerte der übrigen Perspektiven erreicht werden.[139] Als mögliche Maßgröße für diese Perspektive kommen in Frage: Index für Mitarbeiterzufriedenheit sowie für fachliche Qualifikation und Sozialkompetenz der Mitarbeiter.

Die folgende Abbildung 8 zeigt die Balanced Scorecard als strategischen Handlungsrahmen. Robert Kaplan und David Norton verwenden diesen als Regelkreislauf um kritische Managementprozesse zu bewältigen. Sie nehmen eine Unterteilung in folgende vier Punkte vor:

- Klärung von Vision und Strategie
- Kommunikation und Verknüpfung von strategischen Zielen
- Planung und Festlegung von Zielen
- Verbesserung von strategischem Feedback und Lernen[140]

---

[138] Friedag, Schmidt, 1999, S. 135.
[139] Vgl. Ackermann, 2000, S. 32f.
[140] Vgl. Horváth, 1997, S. 11.

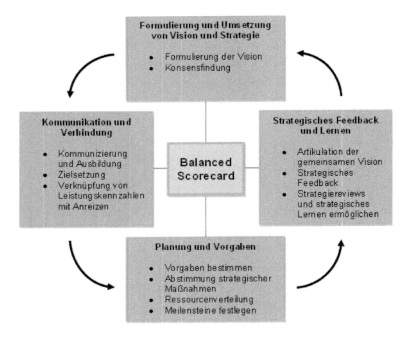

Abbildung 8: Strategischer Handlungsrahmen der Balanced Scorecard
Quelle: Horváth, 1997, S. 10 (eigene Darstellung).

Diese Darstellung macht deutlich, dass die Balanced Scorecard mehr ist als ein Kennzahlensystem. Sie schafft einen neuartigen Rahmen, der sich durch folgende Eigenschaften auszeichnet:

- Klärung und Konsensbildung in Bezug auf die Strategie
- Vermittlung der strategischen Ziele im gesamten Unternehmen
- Anpassung von Zielen an die Strategie
- Integration von monetären und nicht-monetären Größen
- Verbesserungsmöglichkeit der Strategie durch Feedback und Lernen[141]

---

[141] Vgl. Horváth, 1997, S. 18f.

Hartmut Werner erläutert die Vorteile der Balanced Scorecard folgendermaßen: „Die Balanced Scorecard zeigt nicht nur die aktuelle und/oder anvisierte Position (das Wo) einer Unternehmung auf. Das Konzept beschreibt auch das Wie, den konkreten Weg in diese Position. Eine Vision der Unternehmung wird auf die Ebene der strategischen Ziele aufgebrochen, um anschließend diese Ziele durch ausgewählte Aktivitäten umzusetzen".[142]

4.4.2 Six Sigma

„Die Ursprünge vieler Six-Sigma-Prinzipien und -Werkzeuge stammen aus den Lehren einflussreicher Qualitätsdenker wie W. Edwards Deming und Joseph Juran. In einigen Unternehmen gehen Qualität und Six Sigma bereits Hand in Hand. Trotzdem gilt eines: Six Sigma hat das Rad nicht neu erfunden, sondern wer mit TQM, BRP, KVP etc. vertraut ist, wird möglicherweise einige Tools wieder erkennen".[143] „Der Begriff Six Sigma stammt eigentlich aus der Statistik und bedeutet, dass in einem Prozess bei einer Million Fehlermöglichkeiten nur 3,4 Fehler auftreten. Würde man Teile produzieren mit einem Prozess-Sigma von 6, wären im Umkehrschluss 99,9997 % Gutteile".[144]

„Das Hauptziel von Six Sigma ist die Verbesserung von Produkten und Prozessen. Unternehmen müssen Umsätze erzielen und vor allem Gewinne erwirtschaften. In einem sich ständig verschärfenden Wettbewerb ist es daher notwendig Produkte und Leistungen in besserer Qualität, in kürzerer Zeit und zu geringeren Kosten als die Mitbewerber zu erstellen".[145] Diese Bemerkung von Johann Wappis und Berndt Jung könnte auf ein neues Kennzahlensystem oder ein Verbesserungsprogramm schließen lassen. Bei Six Sigma handelt es sich jedoch, wie schon bei der Balanced Scorecard, um ein ganzheitliches Managementprogramm.

---

[142] Werner, H.: Die Balanced Scorecard – Hintergründe, Ziele und Kritische Würdigung, in: Wirtschaftswissenschaftliches Studium, Heft 8/2000, S. 455-457.

[143] TQM, URL: http://www.tqm.com/mytqm/news/six-sigma-ist-weiterhin-auf-dem-vormarsch (27.07.2008).

[144] Ebenda.

[145] Wappis / Jung, 2006, S. 1.

Eine grundlegende Erkenntnis der Six-Sigma-Philosophie liegt darin, dass viele Bestandteile aus dem Qualitätsmanagement gut sind und aus diesem Grund übernommen werden können. Da bereits viele Unternehmen mit einem fortschrittlich entwickelten Qualitätsmanagement arbeiten, besteht die Möglichkeit das angestrebte Qualitätsniveau mit Hilfe von Six Sigma als praktikabler Null-Fehler-Strategie mit der Zielrichtung von nur 3,4 Fehlern bei einer Million Fehlermöglichkeiten zu erreichen.[146] Dass "" steht in der mathematischen Schreibweise als Maßeinheit für die Streukurve, die auch als "Gauß'sche Glockenkurve" bezeichnet wurde und die Normalverteilung um den Mittelwert beschreibt. Carl Friedrich Gauß (1777-1855) entwickelte diese Erkenntnisse vor über 200 Jahren.[147] Die Einteilung erfolgt in Klassen, die als Sigma-Niveau bezeichnet werden. Die folgende Tabelle verdeutlicht den Zusammenhang der beiden Six-Sigma-Ansätze Qualität und Kosten.

Abhängigkeit Sigma-Niveau, Fehlerquote und Kosten			
Sigma-Niveau	Fehler pro eine Million Möglichkeiten	Qualitäts-Niveau in %	Qualitätskosten in % vom Umsatz
2	308.770 (nicht wettbewerbsfähige U.)	69,1 %	Nicht akzeptabel
3	66.810	93,3 %	25-40
4	6.210 (Durchschnittsunternehmen)	99,4 %	15-25
5	233	99,98 %	5-15
6	3,4 (Weltklasse)	99,99966 %	< 1

Tabelle 2: Six-Sigma-Fehlerniveau und Qualitätskosten
Quelle: Töpfer, 2007, S. 12 (eigene Darstellung).

Der Durchschnitt liegt in der Industrie bei 99,0 % fehlerfreier Qualität an produzierten Produkten oder Leistungen, was einem Sigma-Niveau von 3,8 entspricht. In Zahlen bedeutet dies jedoch 10.724 Fehler pro 1 Mio. Fehlermöglichkeiten. Ein Six-Sigma-Wert von 6 bedeutet dagegen nur 3,4 Fehler

---

[146] Töpfer, 2007, S. 3.
[147] Vgl. ebenda, S. 5.

je 1 Mio. Fehlermöglichkeiten. In der Fachliteratur und in der Praxis ist häufig die Rede von "Defects per Million Opportunities" (DPMO). Je Erhöhung des Sigma-Niveaus um 1 beläuft sich das Einsparpotenzial auf bis zu 10 % des Nettoertrages.[148] Die Tabelle macht nachvollziehbar und verständlich, warum die Qualität in Form eines Standards sichergestellt werden sollte. Die Six-Sigma-Präzision verlangt ein Messsystem, welches so aufgebaut ist, dass es auch kleinste Abweichungen aufzeigt. In Zahlen ausgedrückt muss ein Messsystem bei einem Gut von einer Tonne Gewicht eine Abweichung von 3,4 Gramm ausweisen.[149]

Die Six-Sigma-Verbesserungssystematik folgt letztendlich immer dem gleichen Schema, welches als DMAIC-Zyklus bekannt wurde:

- Define (Definieren): Das Problem und das Projektziel müssen klar definiert werden, der zu verbessernde Umfang wird festgelegt
- Measure (Messung): Sämtliche relevanten Größen des zu optimierenden Prozesses werden ermittelt; für die Zielgröße wird der Ausgangszustand auf Basis von konkreten Daten und Fakten bestimmt
- Analyze (Analyse): Der Zusammenhang der Messungen wird ermittelt und die Problemursachen werden identifiziert
- Improve (Verbesserung): Mehrere Lösungen werden entwickelt; nach erfolgter Risikoanalyse wird die beste Lösung ausgewählt und letztendlich implementiert
- Control (Steuern): Der verbesserte Prozess bedarf einer regelmäßigen Kontrolle und muss dauerhaft erhalten bleiben[150]

Die Folgende Abbildung zeigt den oben beschriebenen DMAIC-Zyklus, an dem die systematische Vorgehensweise zu erkennen ist, die den Erfolg von Six Sigma kennzeichnet.

---

[148] Vgl. ebenda, S. 12.
[149] Vgl. Töpfer, 2007, S. 53.
[150] Vgl. Wappis / Jung, 2006, S. 2.

Kennzahlen (Key Performance Indicators)

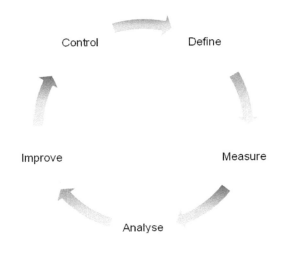

Abbildung 9: Der konzeptionelle Rahmen von Six Sigma
Quelle: Töpfer, 2007, S. 2 (eigene Darstellung).

Wie bereits eingehend erwähnt baut Six Sigma auf das bereits bestehende Qualitätsmanagement auf und bedient sich dessen bewährter Werkzeuge wie zum Beispiel der Pareto-Analyse, dem Ishikawa-Diagramm oder der Fehler-Möglichkeit- und Einfluss-Analyse (FMEA). Six Sigma hat einen positiven Einfluss auf die Qualität der produzierten Produkte oder Dienstleistungen, was sich wiederum positiv auf die Kosten und den Erfolg des Unternehmens auswirkt. Die BMW Group verwendet die Six-Sigma-Philosophie unter anderem in Zusammenarbeit mit der Stadt München. Aus Qualitätskennzahlen von Anforderungen ihrer Kunden leitet z. B. der Bereich AQ-10 der BMW Group Six-Sigma-Werte ab, die in ein Qualitätssicherungskonzept für Verkehrsmanagementsysteme der Stadt München mit einfließen. [151]

---

[151] Vgl. BMW, URL:
http://www.bmwgroup.com/d/nav/index.html?http://www.bmwgroup.com/d/0_0_www_bmwgroup_com/forschung_entwicklung/science_club/veroeffentlichte_artikel/2006/news200617.html (27.07.2008).

4.4.3 EFQM

Wie bereits unter Punkt 2.2.3 im Zusammenhang mit Zielvereinbarungssystemen angesprochen verfolgt die European Foundation for Quality Management den Zweck europäische Unternehmen dabei zu unterstützen, dass sie durch Total Quality Management eine führende Position im weltweiten Wettbewerb erlangen. Hierfür werden in Zusammenarbeit mit der Europäischen Kommission adäquate Bedingungen geschaffen. Die EFQM fördert die Selbstbewertung auf Basis des EFQM-Modells als zentralen Management-Instruments mit der Vergabe des "European Quality Award" auf nationaler und europäischer Ebene.[152] Die BMW Group hat als erster deutscher Automobilhersteller den "Excellence Award 2006" der European Foundation for Quality Management erhalten. Die BMW Group erhielt die Auszeichnung für den Bereich der Fahrwerks- und Antriebskomponentenfertigung für die erfolgreiche Verwendung der EFQM-"Exzellenz-Prinzipien".

Das EFQM-Modell ist aus fünf "Befähiger"-Kriterien aufgebaut, welche die Handlungsfelder innerhalb einer Organisation darstellen. Die vier "Ergebnis"-Kriterien zeigen einerseits die Erfolge der Geschäftstätigkeit auf, und dienen andererseits als Controlling-System für das Vorgehen in den Handlungsfeldern.[153] Das Modell ist in die zwei großen Blöcke "Befähiger" und "Ergebnis" aufgeteilt und diese Differenzierung ist deshalb sehr signifikant, da "Ergebnisse" allein immer nur Informationen über vergangene Zeiträume liefern. Erst durch die Betrachtung von Prozessen auf der Befähiger-Seite können Informationen für die Zukunft erarbeitet werden. Das Modell ist somit nicht ausschließlich ein Qualitätssicherungssystem, sondern dient der Unternehmensführung als kennzahlenbasiertes Managementsystem.

Die Befähiger-Kriterien zeigen auf, wie ein Unternehmen in den Bereichen Führung, Politik und Strategie, Mitarbeiterorientierung, Ressourcen und im Umgang mit Prozessen vorgeht. Die Befähiger-Kriterien bilden somit die Grundlage für eine

---

[152] Vgl. Wunderer, Gerig, Hauser, 1997, S. 7.
[153] Vgl. Schwaab, Bergmann, Gairing, Kolb, 2002, S. 102f.

Organisation. Die Ergebnis-Kriterien hingegen spiegeln das Geschäftsergebnis als Endresultat in Form der finanziellen Ergebnisse, aber auch Messgrößen wie Lieferbereitschaft, Durchlaufzeiten und Kundenreklamationen wider. Die Unterteilung erfolgt in Kundenzufriedenheit, Mitarbeiterzufriedenheit, gesellschaftliche Verantwortung und in das Geschäftsergebnis.[154]

Die European Foundation for Quality Management will mit ihrem Programm die Entwicklung von „Business Excellence" forcieren. Unternehmen, die zu dieser Kategorie gezählt werden wollen, müssen die folgenden acht Kriterien erfüllen:

- Ergebnisorientierung
- Ausrichtung auf den Kunden
- Führung und Zielkonsequenz
- Managen mittels Prozessen und Fakten
- Mitarbeiterentwicklung und -beteiligung
- Kontinuierliches Lernen, Innovation und Verbesserung
- Entwickeln von Partnerschaften
- Sozialverantwortung (Corporate Social Responsibility)[155]

Von seiner Anlage als ganzheitlichem Managementsystem baut das EFQM-Modell im Wesentlichen auf drei Säulen auf. Wie die folgende Abbildung 10 zeigt wird der Wertestrom, der letztendlich Ergebnisse liefert (die eine „Säule"), von Menschen und Prozessen (den beiden anderen „Säulen") hervorgebracht.

---

[154] Vgl. Weber, 2002, S. 259.

[155] Deutsche-EFQM, URL: http://www.deutsche-efqm.de/download/Grundkonzepte_der_Excellence_2003(3).pdf (28.07.2008).

Kennzahlen (Key Performance Indicators)

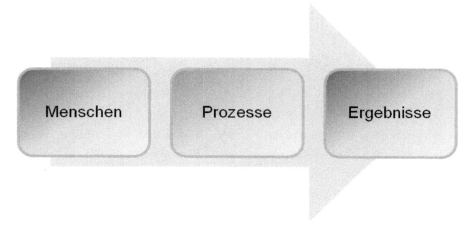

Abbildung 10: Drei Säulen des TQM im Zusammenhang mit dem EFQM-Modell
Quelle: Laufer, 2008, S. 14 (eigene Darstellung).

Die drei Säulen sollen veranschaulichen, dass es nicht nur um Qualitätsmerkmale innerhalb der Prozesse oder um Betriebsergebnisse geht, sondern vor allem um die personenbezogenen Kriterien wie die Mitarbeiter- und die Kundenzufriedenheit.

Der kontinuierliche Verbesserungsprozess (kurz KVP genannt) gilt als einer der Grundprinzipien des EFQM-Modells. Im so genannten "PDCA-Zyklus" werden Produkte, Prozesse und Leistungen fortdauernd überprüft. Der PDCA-Zyklus unterteilt sich in folgende Schritte:

- **Plan**: Planung und Entwicklung von Ideen zur Verbesserung
- **Do**: Realisierung der Verbesserungen
- **Check**: Überprüfung der durchgeführten Maßnahmen
- **Act**: Ergebnisse werden analysiert, weiterführende Maßnahmen abgestimmt

Die so durchgeführten Maßnahmen führen bei konsequenter Ausführung zu einer permanenten Verbesserung der untersuchten Objekte.

4.4.4 Management-Führungsinformationssystem

Management-Führungsinformationssysteme, auch unter dem Begriff Management-Informationssysteme mit der Abkürzung MIS bekannt, sind im Grunde nichts anderes als Gefüge von Kennzahlen, über die regelmäßig und in einer gleichbleibend strukturierten Form "bottom-up" berichtet wird. Dabei sollten unternehmensinterne Informationen, aber auch die Kommunikation in der Außenbetrachtung berücksichtigt werden. Bei großen Unternehmen ist es notwendig, die zu einem MIS gehörenden Daten- und Informationsflüsse in einem Informationssystem abzubilden. Hierbei handelt es sich meist einfach um die Abbildung der Datenströme und der Daten- bzw. Kennzahlenverknüpfung, man kann jedoch auch mit einem computergestützten Planungssystem arbeiten, welches komplexe Problemsituationen auf Basis von Planungsmodellen in Form von Simulationen darstellen soll. Die grundlegende Idee besteht darin, entscheidungsrelevante Informationen verdichtet, grafisch oder tabellarisch den Entscheidungsträgern zur Verfügung zu stellen.[156]

Die Informationsverarbeitung wird generell dem Controlling zugeordnet. Der Controller soll sowohl den Informationsfluss als auch die Koordination und Kontrolle der Informationen im Unternehmen sicherstellen.[157]

Ein Management-Informationssystem muss nicht nur der Führungs-, sondern auch der operativen Ebene zur Verfügung stehen. Péter Horváth schreibt hierzu: „Wenn Mitarbeiter im heutigen Wettbewerbsumfeld bestehen wollen, müssen sie über umfassende Informationen über Kunden, interne Prozesse und finanzielle Konsequenzen ihrer Entscheidungen verfügen".[158] Dieser Punkt der Informationsbereitstellung im Unternehmen sollte im Punkt 5 - "Entwicklung eines Praxismodells" - gerade auch im Zusammenhang mit der Funktion der Führungsunterstützung berücksichtigt werden.

---

[156] Vgl. Wirtschaftslexikon, URL:
http://www.wirtschaftslexikon24.net/d/fuehrungsinformationssystem/fuehrungsinformationssystem.htm (30.07.2008).

[157] Vgl. Reichmann, 2001, S. 675.

[158] Horváth, 1997,S. 130.

4.5 Prozesskennzahlen

Die Prozessperspektive der Balanced Scorecard hebt die Bedeutung von Prozess- bzw. Betriebskennzahlen hervor. Péter Horváth empfiehlt eine vollständige Wertschöpfungskette für die internen Prozesse zu definieren; angefangen beim Innovationsprozess bis hin zur Erfüllung des Kundenwunsches.[159] Mark Brown erläutert die Bedeutung von Prozesskennzahlen wie folgt: „Anstatt nur einfach die Produkt- und Servicequalität zu messen, ist es auch wichtig, Meßgrößen [!] innerhalb von Prozessen zu erfassen, anhand derer Sie besser voraussagen können, ob Sie ein Problem mit Ihren Output-Kennzahlen haben könnten".[160] Es gilt jedoch zu berücksichtigen, dass es bei Prozesskennzahlen nicht ausschließlich auf den Output ankommt. Neben dem Output gibt es auch immer einen Input und einen Throughput. Ferner erklärt Mark Brown: „Das Problem bei den Meßkonzepten [!] der meisten Firmen ist, daß [!] sie zu vieles messen. Und zu wenige der Kennzahlen sind Daten, die für die Performance in der Organisation relevant sind".[161] Für die Praxis gilt es somit die Kennzahlen festzulegen und zu ermitteln, die beispielsweise die Performance von Prozessen darstellen und Vergleiche zulassen. Auf diese Weise besteht die Möglichkeit eine Effizienzsteigerung zu erreichen.

Jürgen Weber und Jennifer Kunz haben eine empirische Studie durchgeführt, bei der es um die Einschätzung der Bedeutung von Kennzahlen ging, da ihnen eine rein quantitative Betrachtung von Kennzahlen als nicht ausreichend erschien. Die befragten Manager sprachen sich zu 36 % für finanzielle Kennzahlen und zu 64 % für nicht finanzielle Kennzahlen aus. Die nicht finanziellen Kennzahlen wurden unterteilt in Markt- und Kundenkennzahlen (Akzeptanzrate: 25%), in Prozesskennzahlen (17%) und in Mitarbeiter- und Innovationskennzahlen (je 11 %). Die Studie unterstreicht die absolute Bedeutung der Prozesskennzahlen umso deutlicher, als diesen trotz der geringeren Verfügbarkeit an Daten die

---

[159] Vgl. ebenda, S. 89.
[160] Brown, 1997, S. 47.
[161] Ebenda, S. 51.

zweithöchste Relevanz nach den Markt- und Kundenkennzahlen beigemessen wurde.[162] Das Ergebnis der Studie zeigt einmal mehr, welches Potenzial die Prozesskennzahlen im Hinblick auf Performance bieten. Ein Ziel für die Unternehmenssteuerung muss folglich sein ausreichend Daten für die Prozessanalyse zu gewinnen um die Prozesse entsprechend optimieren zu können.

Die folgende Abbildung 11 zeigt beispielhaft Prozesskennzahlen aus dem Bereich der Beschaffung, welche sowohl innerhalb eines Unternehmens als auch unternehmensübergreifend Anwendung finden:

Prozesskennzahlen

Durchschnittl. Prozesskosten pro Beschaffungswert	Transaktionsproduktivität	Kompensation
Prozesskosten / Beschaffungswert	Anzahl Bestellungen / Mannjahre operative Beschaffung	Prozesskosten / Mannjahr / Mannjahre operative Beschaffung

Durchschnittl. Beschaffungswert pro Bestellung	*Durchschnittl. Prozesskosten pro Bestellung*	Verhältnis Rechnung-Bestellung
Beschaffungswert / Anzahl Bestellungen	Prozesskosten / Anzahl Bestellungen	Anzahl Rechnungen / Anzahl Bestellungen

Abbildung 11: Prozesskennzahlen
Quelle: Bardy, URL: http://www.bardy.de/cms/filemaster/publikationen/Seminar_BalScCd_SC.ppt (20.07.2008).

Für die Kreditorische Rechnungsprüfung der BMW Group kommen Prozesskennzahlen im Zusammenhang mit Lieferantenqualität, Mitarbeiterleistung und Kundenzufriedenheit sowie eine monetäre Bewertung in Betracht. Eine entsprechende Untersuchung wird im Praxisteil unter Punkt 5 erfolgen.

---

[162] Vgl. Weber, Kunz, 2003, S.101f.

Um eine Organisation optimal zu gestalten, sollten die Geschäftsprozesse so organisiert sein, dass nur wenige Schnittstellen existieren um den Fluss der Leistungserstellung nicht zu verzögern. Als Messgröße für eine effiziente Organisation kann die Durchlaufzeit gelten. Je schneller der Durchlauf, desto konkurrenzfähiger wird das Unternehmen sein. An einer diesbezüglich orientierten Ausgestaltung der Ablauforganisation und Bildung der Verantwortungsbereiche hat deshalb der Controller mitzuwirken.[163]

Im Blick auf die Ablauforganisation soll auch für den Praxisfall versucht werden die Prozesse dahingehend zu gestalten, dass es zu möglichst wenig Wechsel von Verantwortungsbereichen kommt. Ein wünschenswertes Ziel wäre es, dass ein Vorgang innerhalb eines Teams vollständig bearbeitet werden kann um den Gesamtprozess zu beschleunigen und so eine Effizienzsteigerung zu erreichen.

4.6 Kennzahlen zur Personalführung

Zentrale Kennzahlen der Personalführung sind für den geschäftlichen Erfolg ebenso essenziell wie die zuvor beschriebenen Prozesskennzahlen.

Péter Horváth berichtet, dass die meisten Unternehmen Personalziele haben, die im Kern aus den folgenden drei Kennzahlen bestehen:

- Mitarbeiterzufriedenheit
- Mitarbeitertreue
- Mitarbeiterproduktivität[164]

Die Mitarbeiterzufriedenheit steht in enger Korrelation zur Arbeitsmoral und der generellen Zufriedenheit mit dem Arbeitsplatz sowie dem Unternehmen. Zufriedene Mitarbeiter sind eine Voraussetzung für Produktivitätssteigerung, Reaktionsfähigkeit und Kundenzufriedenheit. Eine Messung erfolgt meist in Form einer repräsentativen, anonymen Umfrage, die in der Regel einmal im Jahr

---

[163] Bardy Consult, URL:
http://www.bardy.de/cms/filemaster/publikationen/Zielsystem_des_betrieblichen_RW.doc
(01.08.2008).

[164] Vgl. Horváth, 1997, S. 123.

durchgeführt wird.[165] Die BMW Group praktiziert diese Art der Messung seit mehreren Jahren und präsentiert die Gesamtergebnisse zunächst auf Bereichsebene. Anschließend erfolgt die Kommunikation auf Gruppenebene, damit jeder Mitarbeiter die Ergebnisse reflektieren kann. Weitere Kennzahlen in diesem Zusammenhang wären zum Beispiel das Ausmaß der Mitarbeiterweiterbildung, die Anzahl der Verbesserungsvorschläge pro Mitarbeiter, die Teamfähigkeit oder die Fluktuationsrate, um nur einige zu nennen.

Claudia Ossola-Haring bezeichnet die Personaleffizienz als wichtige Messzahl für die Effektivität des Personaleinsatzes. Sie setzt dabei den Personaleinsatz, in Form der durchschnittlichen Beschäftigungszahl, ins Verhältnis zum Umsatz, um langfristig die Personalkosten besser überwachen zu können und um durch mittelfristige Rationalisierungsmaßnahmen die Effizienz des Unternehmens zu erhöhen.[166] Gerade hier sieht aber Péter Horváth die Gefahr, dass durch zu ehrgeizige Ziele zu viel Druck auf die Mitarbeiter ausgeübt wird.[167] Die Überbrückung dieses Gegensatzes ist, wie bereits in Punkt 2 („Mitarbeiterführung") erläutert, eine Aufgabe der Personalführung, die durch Vereinbarung gemeinsamer Ziele zwischen Mitarbeiter und Führungskraft gelöst werden kann. Wie im folgenden Punkt dargestellt, sollten die Basisdaten für die Führung durch Zielvereinbarung aus Kennzahlen gewonnen werden.

4.7 Führung mit "System"

Dieser Punkt soll den Zusammenhang zwischen Kennzahlensystemen und Personalführung verdeutlichen. Bei den bereits vorgestellten Kennzahlensystemen geht es um mehr als die finanziellen oder die qualitativen Aspekte. In nahezu allen Systemen kommen Messgrößen zu Kundenbeziehung und Mitarbeiterperspektive zur Anwendung. Sollen diese eine Wirkung haben, müssen sie immer als Führungsinstrument eingesetzt werden.

---

[165] Vgl. Horváth, 1997, S. 124.
[166] Vgl. Ossola-Haring, 1999, S. 244.
[167] Vgl. Horváth, 1997, S. 125.

4.7.1 Führung mit Kennzahlen und Kennzahlensystemen

Es gilt als unumstritten, dass Qualität messbar ist. Der Bekanntheitsgrad dieser Tatsache steigerte sich, nachdem die Wirtschaftspresse in den 90er-Jahren über die beachtlichen Erfolge berichtet hatte, die General Electric mit dem Six-Sigma-Ansatz erzielen konnte. Mit dem Einsatz der Balanced Scorecard und des EFQM-Modells wurde die Betrachtung mit Kennzahlen unter Qualitätsaspekten in der Mitarbeiter- und Kundenperspektive ausgeweitet. Im Zusammenhang mit "Management-by-Objectives" ist zunehmend die Rede vom "Führen mit Kennzahlen". Herwig Friedag und Walter Schmidt nennen dazu vier Grundvoraussetzungen: „Führung durch Kennzahlen setzt dabei voraus, jede Kennzahl mit IST und SOLL, mit Maßnahmen zur Erreichung des SOLL, mit Verantwortlichkeit für die Maßnahmen und mit Regelungen zur Motivation der Verantwortlichen zu verbinden".[168] Die folgende Abbildung 12 zeigt den Zusammenhang von Verantwortung, Motivation und dem Arbeiten mit Kennzahlen.

---

[168] Friedag, Schmidt, 1999, S. 13.

Kennzahlen (Key Performance Indicators)

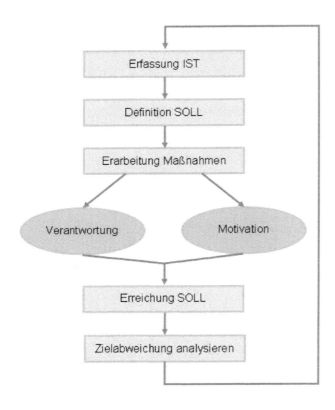

Abbildung 12: Arbeiten mit Kennzahlen
Quelle: Friedag, Schmidt, 1999, S. 73 (eigene Darstellung).

Herwig Friedag und Walter Schmidt verdeutlichen einmal mehr den Zusammenhang von Kennzahlen und Personalführung. Sie führen weiter aus, dass bereits die Übertragung von Verantwortung im Normalfall eine Erhöhung der Motivation bewirkt, da Verantwortung in diesem Kontext als Vertrauen betrachtet werden kann. Erfolgt zusätzlich eine Verknüpfung von Verantwortung und Vergütungssystem, bekommen die Kennzahlen aufgrund der persönlichen Identifikation besonderes Gewicht.[169]

---

[169] Vgl. Friedag, Schmidt, 1999, S. 73f.

Prinzipiell ist zu beachten, dass Kennzahlen durch denjenigen beeinflussbar sein müssen, für den sie erstellt werden. In der Praxis bedeutet dies, dass ein Mitarbeiter durch die Erhöhung seiner Arbeitsleistung eine Vorgangszahl positiv beeinflussen kann. Die Balanced Scorecard nimmt hierbei eine Bewertung von Einzelpersonen, aber auch auf Teamebene vor. Es erfolgt eine Kommunikation über die Zielsetzungen und Kennzahlen der Balanced Scorecard, wobei der Mitarbeiter oder das Team im Mittelpunkt der Betrachtung stehen. Die übergeordneten strategischen Ziele sowie die Kundenanforderungen werden in Ziele für die Mitarbeiter umgewandelt. Die so gewonnenen Soll-Werte können anschließend zur Messung der Zielerreichung verwendet werden.[170] Durch eine nachhaltige Kommunikation erhalten die Mitarbeiter die Möglichkeit den Grad der Zielerreichung regelmäßig abzulesen.

Kennzahlen allein sind keine Wunderwaffe. Vielmehr geht es darum die Werte einer Kennzahl nicht isoliert zu betrachten. Eine Verdichtung von Informationen zu Kennzahlen führt allzu leicht zum so genannten Informationsverlust. Eine positive Entwicklung der Kosten gibt keine Auskunft über die Qualität der erbrachten Leistung oder über den Führungserfolg. Dazu benötigt man Zusatzinformationen, etwa durch die Betrachtung von zwei oder mehr unterschiedlichen Kennzahlen. Die getrennt voneinander erhobenen Daten müssen dann in Beziehung zueinander gesetzt werden. Auf diese Weise werden die Wechselwirkungen zwischen den Kennzahlen deutlich.[171] Ein Beispiel ist die Senkung von Fertigungskosten bei einem Anstieg der Stückzahlen und einer Minderung der Ausschussquote.

Bei der Führung mit Kennzahlen ist es von Bedeutung, dass alle Mitarbeiter über die Definition der Kennzahlen, über die Soll-Werte und die erreichten Ist-Werte informiert sind. Der Sinn und Zweck der Kennzahlen sowie die Art ihrer Erhebung müssen für alle Beteiligten verständlich sein. Ziel ist es bei den Mitarbeitern eine gewisse Akzeptanz zu erreichen, damit sie die Funktion des Führens mit Kennzahlen als Chance sowie Unterstützung und nicht als Bedrohung ansehen.

---

[170] Vgl. Horváth, 1997, S. 204f.
[171] Vgl. Bühner, 1997, S. 36.

Grundsätzlich sollte dies durch eine offene und nachhaltige Kommunikation sichergestellt werden.[172] Die Begrifflichkeit "Führen mit Kennzahlen" beinhaltet aber weit mehr als die harten Zahlen, Daten und Fakten. Die Schwierigkeit alle Aspekte in der Mitarbeiterführung durch Kennzahlen zu erfassen liegt darin, dass die so genannten "Soft Facts" (die weichen Faktoren) wie Führungsstil, Fähigkeiten und Potenziale nur schwer messbar sind. Rolf Bühner empfiehlt für die Messung der weichen Faktoren die sogenannte Fünf-Punkte-Skala, die ähnlich wie die übliche Notengebung eine Bewertung vornimmt.[173] Er ergänzt weiter: „Nur wer die weichen Faktoren in der Mitarbeiterführung meßbar [!] macht, kann das Potenzial der Mitarbeiter in Einklang mit den Unternehmenszielen systematisch nutzen und Änderungen im Führungsbereich auf ihre Zielerreichung hin einleiten und überprüfen".[174] Es geht darum, den Faktor *Mensch* in einen messbaren Zusammenhang zu stellen mit der jeweiligen Arbeitssituation und den Arbeitszielen. Dies soll in den beiden folgenden Punkten 4.7.2 und 4.7.3., „Reflexionsorientiertes Controlling" und „Reaktanz" (im Kontext zur Reflexion), kurz betrachtet werden.

4.7.2 Reflexionsorientiertes Controlling

Der Begriff "Reflexion" wird in der wissenschaftlichen Fachliteratur unterschiedlich interpretiert. Im Zusammenhang mit dem Aufbau einer lernenden Organisation schreibt Peter Senge: „Reflexionsfertigkeiten bedeuten, daß [!] wir unsere eigenen Denkprozesse verlangsamen, damit wir besser erkennen, wie wir unsere mentalen Modelle herausbilden und wie sie unser Handeln beeinflussen".[175] Weiter führt er aus, dass unter Reflexion die Fähigkeit über das eigene "Denken" nachzudenken zu verstehen ist. Wahrhaft herausragende Fach- und Führungskräfte besitzen die Fähigkeit auch im Verhältnis zu ihren Mitarbeitern zu erreichen, dass jeder das

---

[172] Vgl. Weber, 2002, S. 22.
[173] Vgl. Bühner, 1997, S. 24f.
[174] Ebenda, S. 34.
[175] Senge, 2001, S. 234.

eigene Denken an der vorhandenen Situation „reflektiert".[176] Dieser Entwurf liegt auch dem Reflexionsorientierten Controlling zugrunde.

Das Konzept eines Reflexionsorientierten Controllings wurde maßgeblich von Ewald Scherm und Gotthard Pietsch entwickelt. Sie präzisieren es als Führungs- und Führungsunterstützungsfunktion. Die Reflexion von Entscheidungen hat hierbei in die Reflexion der Informationsversorgung einzufließen. Das Reflexionsorientierte Controlling verwendet somit Instrumente, die menschliche Wahrnehmungsprobleme bewältigen und mit den ökonomischen Aspekten des Unternehmens zusammenführen.[177] Erfolgte die Aufgliederung eines Unternehmens bisher traditionell in Führung und Ausführung, fügten Ewald Scherm und Gotthard Pietsch nun zusätzlich eine Zwischenebene ein, welche die Funktion der Führungsunterstützung wahrnehmen soll, wie die folgende Abbildung 13 zeigt.

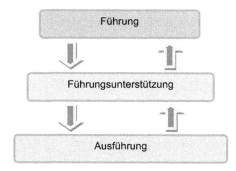

Abbildung 13: Führungsunterstützung im Unternehmen
Quelle: Pietsch, 2003, S. 26 (eigene Darstellung).

Durch den Ansatz Führungsunterstützung als Zwischenebene anzusehen lassen sich die Führungsaufgaben klarer unterteilen: Die Führungsfunktion beinhaltet die Planung, Organisation und Personalführung, also den Selektionsprozess von Entscheidungen. Die Ebene der Führungsunterstützung ist für die Bereitstellung der

---

[176] Vgl. ebenda.

[177] Vgl. Fernuni-Hagen, URL: http://www.fernuni-hagen.de/BWLOPLA/CTB/download/scherm-pietsch.pdf (01.08.2008).

relevanten Informationen verantwortlich.[178] Das Controlling übernimmt den Reflexionsprozess dieser getroffenen Entscheidungen und ist für die Kommunikation und Informationsbereitstellung verantwortlich. Reflexionsorientiertes Controlling besteht also nicht nur darin, die durch die Unternehmensführung getroffenen Entscheidungen mittels Analysen und ständigen Abgleichs zwischen der Soll- und der Ist-Situation zu überwachen, sondern beinhaltet außerdem, - anders als das klassische Controlling - neben eine zu treffende Entscheidung neue Perspektiven zu stellen, auch ohne dass Informationen über Abweichungen vorliegen.[179] Ewald Scherm und Gotthard Pietsch nennen dies die "perspektivenorientierte" Reflexion. Eine lernende Organisation erhält auf diese Weise die Möglichkeit freie Kapazitäten sowie ungenutzte Ressourcen zu ermitteln.[180]

Das Konzept eines Reflexionsorientierten Controllings verdeutlicht die enge Wechselwirkung zwischen dem Bedarf an entscheidungsrelevanten Informationen der Unternehmensführung und der Bereitstellung dieser entscheidungsrelevanten Informationen durch die Führungsunterstützung. Hierbei gilt es zu berücksichtigen, dass es zu keinem unzulässigen Informationsverlust kommt. Das Controlling soll den Arbeitserfolg sichtbar machen und innerhalb der Struktur der Unternehmensführung entsprechendes Datenmaterial hierzu bereitstellen. Auf der Basis einer solchen kontinuierlichen Reflexion von Situation, Struktur und Arbeitserfolg ist aufzuzeigen, welche Art von Kennzahlen aus welchem Grund für welchen Zweck mit welcher Datenbasis und Messmethode und zu wessen Kontrolle künftig erhoben werden sollten. Dies soll auch in der später anschließenden Beschreibung eines Praxismodells veranschaulicht werden.

4.7.3 Reaktanz im Kontext des Reflexionsorientierten Controlling

Controlling als Führungsunterstützung liegt auf derselben Ebene wie das Führen mit Kennzahlen. Unter diesem Gesichtspunkt muss durch das

---

[178] Vgl. Scherm, Pietsch, 2004, S. 532.
[179] Vgl. Schäffer, 2001, S. 44f.
[180] Vgl. Scherm, Pietsch, 2007. S. 291f.

Informationsmanagement sichergestellt werden, dass alle Mitarbeiter die Zusammenhänge zwischen dem Kennzahlensystem und ihrer Tätigkeit verstanden und angenommen haben. Es besteht sonst die Gefahr, dass die Mitarbeiter die Vorgehensweise als Bedrohung und nicht als Unterstützung wahrnehmen. Die Bedrohung kann von den Betroffenen als Einschränkung ihrer Handlungsspielräume und als Elimination von Handlungsalternativen betrachtet werden, wodurch eine Akzeptanz der Umstrukturierung vonseiten der Mitarbeiter gefährdet wäre.[181] Unter diesen Prämissen stellt sich die Frage: Wie lässt sich erreichen, dass die Mitarbeiter, die mit den ausgewählten Kennzahlen zu mehr Eigenverantwortung hin"geführt" werden sollen, die Auswahl der Kennzahlen akzeptieren?

Dorothee Dickenberger erklärt die ablehnende Haltung als psychologische Reaktanz. Die Bedrohung, die von einer vermeintlich ständigen "Kontrolle" ausgeht, kann als Einschränkung der Freiheit betrachtet werden. Manche Mitarbeiter sehen eine Freiheit darin, bestimmte Situationen nach Belieben beeinflussen zu können, selbst wenn dabei die Bedürfnisse anderer missachtet werden. Manche Mitarbeiter glauben an die Freiheit gewohnte Verhaltensweisen ausführen zu dürfen. Die Reaktanz steigt, je größer die Bedrohung der jeweiligen Freiheit bewertet wird.[182]

Um den negativen Effekten der psychologischen Reaktanz entgegenzuwirken, wird es eine wichtige Aufgabe der Führungsunterstützung sein durch rechtzeitige Information für die notwendige Akzeptanz zu sorgen. Die Angemessenheit eines Kennzahlensystems kann daran gemessen werden, ob es nach Auffassung aller Beteiligten für alle wichtigen Entscheidungssituationen zuverlässige Unterstützung gibt. Als weiterer Indikator gilt, ob Unsicherheiten verringert und Informationen empfängerspezifisch erstellt werden können, ohne dass die Empfänger aufwendige Interpretationsarbeiten leisten müssen. Die so erreichte Zusammenfassung gleichartiger und ähnlicher Informations- und Entscheidungssachverhalte sollte gesamthaft eine Effizienzsteigerung und Kostendegression bewirken. Ziel in der

---

[181] Vgl. Schäffer, 2001, S. 42ff.
[182] Dickenberger, Gniech, Grabitz, 1993, S. 243ff.

Praxis wird es sein durch ein in dieser Art konzipiertes Kennzahlensystem das gegenseitige Verständnis und Vertrauen zu erhöhen.

4.8 Fazit und Vorschau

Punkt 4 sollte eine Übersicht über bewährte Kennzahlen und Kennzahlensysteme geben. Einige der Kennzahlensysteme, wie zum Beispiel die Balanced Scorecard, haben sich seit vielen Jahren in der Praxis bewährt. Grundsätzlich spielt es eine untergeordnete Rolle, ob sich ein Unternehmen für die Vorgehensweise nach der Balance Scorecard oder einem der anderen Managementsysteme entschließt. Armin Töpfer fasst die unterschiedlichen Systeme in folgender Weise zusammen: „Basierend auf der ISO 9000:2000, die in vielen Unternehmen eine aus Kundensicht erforderliche Pflichtübung ist, wird ein effizientes Steuerungs- und Führungssystem in Form der Balanced Score Card [!] (BSC) aufgebaut. Auf dieser Grundlage lassen sich Six-Sigma-Projekte wirkungsvoll umsetzten. Die Ergebnisorientierung kann durch eindeutige Zielvereinbarungen in Richtung MbO unterstützt werden. Um das ganzheitliche Niveau für Business Excellence zu erreichen, bietet sich dann als konzeptionelle „Klammer" das EFQM-Modell an".[183]

Das Führen mit Kennzahlen ist grundsätzlich keine neue Erfindung. Aber erst in der jüngeren Zeit wird versucht auch nicht quantitativ messbare Werte wie zum Beispiel die angesprochenen "Soft Facts" zu bewerten und in der Personalführung einzusetzen. Hintergrund ist, dass die steigende Dynamik der Märkte sowie der gestiegene Wettbewerbsdruck große Herausforderungen für global tätige Unternehmen darstellen, denen nur mit qualifiziertem und motiviertem Personal begegnet werden kann. Die Ressourcenknappheit an qualifiziertem Personal macht es notwendig nicht nur geeignete Mitarbeiter zu beschaffen und weiterzubilden, sondern diese auch u. a. durch das Gewähren von Freiräumen ausreichend zu motivieren. Hier wird der Zusammenhang zwischen Kennzahlen und Führung sichtbar. Das gilt auch in administrativen Bereichen wie der Kreditorischen Rechnungsprüfung. Auch hier können die Arbeitsprozesse anhand von Kennzahlen

---

[183] Töpfer, 2007, S. 30.

Kennzahlen (Key Performance Indicators)

gemessen und bewertet werden, sodass die Führung mit den Mitarbeitern Zielgrößen vereinbaren kann um die Prozess-Performance zu erhöhen und so den Unternehmenserfolg nachhaltig zu unterstützen und zu sichern. Im weiteren Verlauf der These soll überprüft werden, ob Verfahren und Methoden, die dazu in den Produktionsbereichen der BMW Group bestehen, auf den administrativen Bereich übertragen werden können. Ziel ist es die bislang gewonnen Erkenntnisse so in die Praxis zu transferieren, dass die Eigenverantwortung der Mitarbeiter sowie die Performance der Prozesse entsprechend erhöht werden können.

5 Entwicklung eines Praxismodells

Wie in der Einleitung erwähnt arbeitet der Autor dieser Arbeit in der Kreditorischen Rechnungsprüfung der BMW AG. Der Schwerpunkt der Tätigkeit liegt in der Abrechnung von Lieferungen und Leistungen in der organisatorischen Einheit der Gruppe FR-234. Der Autor selbst beschäftigt sich mit der Abrechnung von Transportdienstleistungen sowohl in der Produktionsversorgung als auch in der Produktionsentsorgung für die gesamte BMW Group. Ein weiteres Tätigkeitsfeld bieten die Teilevertriebskette sowie die Fahrzeugdistribution. Für alle drei Geschäftsfelder erstellt die Gruppe FR-234 die Abrechnung für die erbrachte Transportdienstleistung weltweit, also auch für Tochtergesellschaften in unterschiedlichen Ländern wie zum Beispiel Südafrika, USA, Großbritannien und weitere europäische Staaten. Neben der Abrechnung von Transportdienstleistungen bearbeitet die Gruppe auch die Transportschadensabwicklung. Die Abrechnung der jeweiligen Transportdienstleistungen erfolgt aufgrund des großen Volumens zum Großteil im Frachtgutschriftverfahren, aber auch die traditionelle Rechnungsprüfung kommt häufig zur Anwendung. Auf diesem Gebiet bestehen viele unterschiedliche steuerliche, gesetzliche und vertragliche Anforderungen, die sich häufig ändern, und daher ist eine stetige Weiterbildung der Mitarbeiter unabdingbar.

5.1 Problemstellung

Im Verlauf der These wurde aufgezeigt, dass, bedingt durch die Dynamik der Märkte und den gestiegenen Wettbewerbsdruck, alle Unternehmen versuchen müssen, Effizienzsteigerungen zu erreichen. Viele Unternehmen konnten im Bereich der Produktion, aber auch im Dienstleistungsbereich durch das Einführen von Kennzahlen- und Managementsystemen deutliche Erfolge in Form von höherer Performance der Prozesse erzielen. In der Kreditorischen Rechnungsprüfung besteht Handlungsbedarf in Bezug auf die Gestaltung einheitlicher Prozesse sowie die Darstellung und Kommunikation durch Kennzahlen. Zudem soll die Eigenverantwortung der Mitarbeiter erhöht werden, sodass zusätzliche Synergien erzeugt werden können. Das Praxismodell soll in einem so genannten Pilot-Team erprobt werden. Dazu müssen die Prozesse betrachtet und entsprechend der neu angedachten Vorgehensweise gestaltet werden. So empfiehlt beispielsweise Michael Hammer einen so genannten Prozess-Check, bei dem alle Prozesse auf den Prüfstand gestellt werden, bevor diese eine Neugestaltung erhalten. In nahezu allen Branchen konnten auf diese Weise erhebliche Verbesserungen erreicht werden. Kosten wurden gesenkt, die Qualität verbessert und die Performance erhöht.[184] Ziel ist es den Mitarbeitern und der Gruppenleitung ein Kennzahlensystem zur Verfügung zu stellen, über das alle Beteiligten jederzeit die Möglichkeit haben den Soll-Stand sowie den aktuellen Ist-Stand abzulesen.

5.2 Prozesse der Kreditorischen Rechnungsprüfung

Die Betrachtung der Prozesse in der Kreditorischen Rechnungsprüfung erfolgt am Beispiel der Transportkostenabrechnung. Hierbei wird zwischen dem Frachtgutschriftverfahren und der traditionellen Rechnungsprüfung unterschieden.

Für ein besseres Verständnis soll zunächst einleitend das Frachtgutschriftverfahren beschrieben werden, bei dem grundsätzlich die folgenden zwei Varianten unterschieden werden müssen:

- Das aktive Frachtgutschriftverfahren, welches aufgrund der DFÜ der Bordero-Daten, die durch den Transportdienstleister erfasst werden, einen Abgleich der Bordero-Daten und der BMW AG-internen Logistikdaten ermöglicht. Durch die elektronische Datenbereitstellung und einen automatisierten Datenabgleich wird eine relativ hohe Qualität der abrechnungsrelevanten Transportdaten erreicht.

- Das passive Frachtgutschriftverfahren, bei dem eine Abrechnung ausschließlich auf Basis der BMW AG-internen Logistikdaten (Werksdaten) erfolgt. Dieser Prozess kommt hauptsächlich im Teilevertrieb zur Anwendung. Ein Abgleich mit den Daten der Transportdienstleister ist hier

---

[184] Hammer, M.: Der Prozess-Check, in: Harvard Business Manager, Nr. 5, 24.04.2007, S. 34-38.

derzeit nicht möglich, was zu einem deutlich höheren Reklamationsaufwand führt.

Sowohl für das Frachtgutschriftverfahren als auch für die Rechnungsprüfung erfolgt die derzeitige Zuordnung der Transportdienstleister zu den jeweiligen Sachbearbeitern nach folgenden Kriterien:

- Nach Verkehrsträger:
  - Landverkehr
  - Seefracht
  - Luftfracht
  - Bahn
- Nach Mandanten:
  - BMW AG
  - BMW Manufacturing (UK)
  - Weltweit (USA, ZA)
- Nach Geschäftsfeld:
  - Produktionsmaterial
  - Teilevertrieb
  - Fahrzeugdistribution

Es gilt abzuwägen, ob eine alternative Zuordnung sowie eine Änderung der Prozessabläufe Synergien eröffnen. Die Rechnungsprüfung der Transportkostenabrechnung erfolgt in der Gruppe FR-234 mit derzeit 19,29 Mitarbeitern, die sich aufgrund der unterschiedlichen Arbeitszeitmodelle aus Vollzeit- und Teilzeitkräften zusammensetzt.

5.2.1 Frachtgutschriftverfahren

Das Frachtgutschriftverfahren dient zur Abrechnung erbrachter Leistungen der Transportdienstleister der BMW Group und ist seit mehr als 20 Jahren im Einsatz, wurde innerhalb dieses Zeitraums jedoch kontinuierlich weiterentwickelt. Die Transportdienstleistung wird in der Regel durch Vertragsspediteure erbracht. Der Datenaustauch mit den Transportdienstleistern erfolgt über die von der BMW AG entwickelte Softwarelösung TRP-RTS, die den Transportdienstleistern zur Verfügung gestellt wird. Die Abläufe erfolgen sowohl datentechnisch als auch im physischen Prozess über die so genannte Bordero-Abwicklung. Das Wort *Bordero* (von dem französischen Wort *bordereau*) deutet darauf hin, dass hier Sammellisten erstellt werden. Das Bordero kommt alternativ zum klassischen Frachtbrief zur Anwendung und wird immer dann eingesetzt, wenn sich mehrere Sendungen auf einem Transportmittel (LKW, Wagon, Container) befinden. Üblicherweise ist dies im Sammelgutverkehr der Fall. Eine Sendung definiert die von einem Absender zu einem Empfänger transportierte Ware. Das Bordero identifiziert diese durch die Bordero-Nummer und die Spediteur-Nummer. Der Transportdienstleister erfasst die Daten für die zu transportierenden Waren auf Basis des vom Lieferanten zur Verfügung gestellten Speditionsauftrags. Anhand von TRP-RTS erzeugt der Transportdienstleister eine Borderodaten-DFÜ, die den Wareneingangsstellen als vorauseilende DFÜ zur Verfügung gestellt wird. Die Frachtabrechnung erhält ebenfalls eine Borderodaten-DFÜ, mit der der Transportdienstleister seine Forderung an die BMW Group übermittelt. Die Wareneingangs- und Versandstellen prüfen und bestätigen die physisch erbrachte Leistung ebenfalls durch einen elektronischen Datensatz, der wiederum der Frachtabrechnung zur Verfügung gestellt wird. In der Gruppe FR-234 erfolgt dann ein Datenabgleich zwischen den so genannten Werks-Daten und den Spediteurs-Daten nach zuvor fest definierten Plausibilitätsprüfungskriterien wie zum Beispiel Kontrolle der physischen Versender und Empfänger, des Leistungstags sowie des Gewichts und der Abmessungen der transportierten Güter. Ist der Datenabgleich fehlerfrei, wird die erbrachte Transportleistung entsprechend den vereinbarten Frachtraten unter Berücksichtigung des Zahlungsziels im Gutschriftverfahren dem jeweiligen

Transportdienstleister vergütet. Ist kein fehlerfreier Datenabgleich möglich, wird zur Klärung von Unstimmigkeiten auf die physischen Transportdokumente zurückgegriffen. Bei jeder Abrechnung erhält der Transportdienstleister die Möglichkeit durch eine so genannte Korrekturmeldung die aus seiner Sicht abweichenden Ansprüche der Abrechnung zur Korrektur anzumelden.

5.2.2 Rechnungsprüfung

Alle eingehenden Transportrechnungen gehen zentral bei FR-234 in der Kreditorischen Rechnungsprüfung ein. Die Rechnungsprüfung erfolgt ebenso wie das Frachtgutschriftverfahren auf Basis vertraglicher Vereinbarungen zwischen der BMW AG und den jeweiligen Transportdienstleistern. Eine Prüfung erfolgt nach folgenden Kriterien:

- Ist die BMW Group Frachtzahler für die Transportdienstleistung? Die Prüfung erfolgt anhand der beigefügten Speditionsaufträge oder Lieferscheine sowie der Lieferkondition aufgrund der BMW-Bestellung.

- Erfüllt die Rechnung alle steuerlichen Anforderungen? Je nach Leistungsort, Frachtzahler und Leistungsempfänger unterliegt eine Rechnung unterschiedlichen steuerlichen Vorgaben. Die Richtigkeit gilt es unbedingt sicherzustellen, damit die BMW Group nicht die Vorsteuerabzugsberechtigung verliert.

- Entspricht die in Rechnung gestellte Leistung der physisch tatsächlich erbrachten Leistung? Hierzu ist vom Transportdienstleister jeweils der Leistungsnachweis in Form einer Ablieferquittung zu erbringen.

Erfüllt die Rechnung alle Anforderungen und liegt eine Leistungsbestätigung vor, wird die Rechnung gemäß dem Zahlungsziel aus der Vertragsvereinbarung gebucht und bezahlt.

5.2.3 Prozesspartner / Schnittstellen

Prozesspartner sind externe und interne Lieferanten bzw. Kunden. Als interne Kunden gelten prozessbeteiligte Fachbereiche wie zum Beispiel:

- Die Kreditorische Buchhaltung
- die Hauptabteilung FR-2 (Rechnungswesen, Dienstleistungen)
- die interne Systembetreuung mit den organisatorischen Einheiten MZ-633 und FZ-502

Als externe Kunden gelten beispielsweise die Tochtergesellschaften der BMW AG.

Bei einigen Fachbereichen bestehen sowohl eine Kunden- als auch eine Lieferantenbeziehung. Zu den internen Lieferanten zählen daher:

- Sämtliche Wareneingangs- und Versandstellen
- der Transportdienstleistungseinkauf MZ-35
- der Materialeinkauf
- das Controlling Transportkosten MZ-303
- die Logistikplanung MZ-30
- die Verpackungsplanung MZ-344

Zu den externen Lieferanten gehören beispielsweise:

- Sämtliche Transportdienstleister
- die externe Systembetreuung

Die einzelnen Prozesse der Kreditorischen Rechnungsprüfung ließen sich noch in eine Reihe von Teilprozessen gliedern. So existiert innerhalb der manuellen Rechnungsprüfung der Teilprozess der Sonderfahrtsabrechnung. Hier werden alle Transporte abgerechnet, die aufgrund der Dringlichkeit per Sonderfahrt in Auftrag gegeben wurden. Die Zerlegung aller Prozesse in sämtliche Teilprozesse kann im Rahmen dieser Master Thesis nicht dargestellt werden. Bei der Entwicklung des Praxismodells werden lediglich die Mitarbeiter bei FR-234 sowie die sichtbaren und relevanten Prozesse betrachtet und eine Zuordnung der Kernpunkte durchgeführt.

Eine detaillierte Zerlegung der Prozesse muss im Anschluss bei der Erprobung innerhalb des Pilot-Teams in der Praxis erfolgen.

5.3 Planungsphase

In der Planungsphase sollen das Frachtgutschriftverfahren und die Rechnungsprüfung hinsichtlich der Prozessabläufe untersucht werden. Es stellt sich die Frage, wo Handlungsbedarf besteht und mit welchen Analysetechniken die Vertiefung der Untersuchung erfolgen sollte. Es wurde bereits erläutert, dass die Transportkostenabrechnung weltweit und über alle Verkehrsträger zentral bei FR-234 erfolgt. Die Produktionsversorgung und -entsorgung sowie die Teiledistribution innerhalb Europas erfolgt in unterschiedlichen logistischen Prozessen, die wie folgt eingeteilt werden:

- Das "Premiumnetz", innerhalb dessen mit fünf Transportdienstleistern vorwiegend Komplettladungen und Teilpartien innerhalb Europas transportiert werden

- Das "Standardnetz", welches überwiegend Kleinsendungen im Sammelgut abwickelt

- Wagenladungsverkehr, der durch die Deutsche Bahn AG durchgeführt wird

- Ganz-Züge, welche durch Transportdienstleister im Rahmen ihrer Tätigkeit als Gebietsspediteur angemietet werden und mit Sendungen aus deren Postleitzahlengebiet bestückt werden

- Just-in-Time(JIT)- oder Just-in-Sequence(JIS)-Spediteure, die direkt an die Produktionslinien der jeweiligen Werke liefern

- Zwischenwerks- und Außenlagerverkehr, der den Werkeverbund der BMW Group versorgt

Im Rahmen dieser Master Thesis ist es nicht möglich auf sämtliche Geschäftsvorfälle, Verkehrsträger sowie Transportdienstleister einzugehen. Der Autor beschränkt sich hier auf die Betrachtung des "Standardnetzes", das durch den Transportdienstleister "DHL" bedient wird und ein großes Spektrum an

Geschäftsvorfällen abdeckt, die hinsichtlich der Aufgabenstellung dieser Master Thesis geeignet sind und anhand derer Lösungsansätze dargestellt werden können.

5.3.1 Analyse aktives Frachtgutschriftverfahren

Wie bereits erörtert dient das Frachtgutschriftverfahren der automatisierten Abrechnung erbrachter Transportdienstleistungen in einem Systemverbund und wurde im Verlauf der Jahre kontinuierlich weiterentwickelt. Der aktuelle Prozess sieht derzeit wie folgt aus:

- Erfassung der Transportdaten durch den Spediteur
- Übertragung der Daten mittels FTP über das Internet
- Abgleich der Daten mit den Werksdaten (Wareneingangs- und Versanddaten)
- Verteilung aller fehler- und hinweisbehafteten Daten auf die internen Arbeitsvorräte der jeweiligen Sachbearbeiter
- Prüfung der Daten auf steuerliche Konformität
- Bearbeitung der betreffenden Borderos durch die Sachbearbeiter
- Anforderung der Ablieferbelege beim Spediteur, sofern erforderlich
- Freigabe zur Zahlung unter Berücksichtigung der vertraglich vereinbarten Zahlungsziele

Die folgende Abbildung 14 zeigt den Prozess der Frachtabrechnung im Frachtgutschriftverfahren in vereinfachter Form.

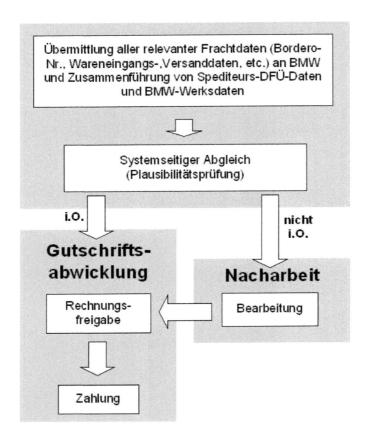

Abbildung 14: Frachtabrechnung im Frachtgutschriftverfahren
Quelle: Interne Arbeitsunterlage FR-234 (eigene Darstellung).

5.3.2 Analyse Rechnungsprüfung

Die manuelle Rechnungsprüfung erfolgt nach den eingangs erläuterten Prüfkriterien. Die Prozess-Schritte sind die Folgenden:

- Scanning aller eingehenden Transportrechnungen
- digitale Vorerfassung und Archivierung
- Verteilung an den Sachbearbeiter
- Prüfung der Rechnung auf steuerliche Konformität

- Prüfung ob Forderung gerechtfertigt
- Prüfung ob Leistung bestätigt
- Ggf. Versendung an den Fachbereich zur Leistungsbestätigung
- Einsteuerung zum Buchen unter Berücksichtigung des Zahlungsziels

Die Zuordnung der physischen Rechnung an den zuständigen Sachbearbeiter erfolgt nach ähnlichen Kriterien wie im Frachtgutschriftverfahren.

5.3.3 Auswahl des Pilot-Teams

Die Auswahl des zu betrachtenden Geschäftsfeldes sollte mehrere Kriterien berücksichtigen:

- Der Umfang des Geschäftsfeldes sollte so groß sein, dass mehr als ein Verkehrsträger involviert ist und möglichst beide Prozesse (Frachtgutschriftverfahren sowie Rechnungsprüfung) enthalten sind
- Das Volumen sollte es notwendig machen, dass mindestens drei Mitarbeiter für die operative Abwicklung eingesetzt werden
- Der Anteil am Gesamtvolumen sollte eine nachträgliche Betrachtung und Verwertung der Daten zulassen
- Der Transportdienstleister sollte möglichst viele Produktionsstandorte versorgen

Vor dem Hintergrund der oben genannten Kriterien bietet sich eindeutig die Auswahl des "Standardnetzes" an, welches durch den Transportdienstleister "DHL" bedient wird und ein großes Spektrum an Geschäftsvorfällen abdeckt. DHL ist für die Versorgung und Entsorgung der Produktionswerke innerhalb Europas als Sammelgutspediteur zuständig. Die Anzahl der Sendungen im Standardnetz entspricht etwa 60 % aller Sendungen innerhalb der beiden Europa-Netzwerke, was ein Transportvolumen von ca. 40 % des Gesamtvolumens ausmacht.[185] Hierbei nicht berücksichtigt sind Just-in-Time-Lieferungen, der Zwischenwerksverkehr sowie Teilumfänge aus der Teilevertriebskette, die im

---

[185] BMW-interne Angabe aus dem Fachbereich Transportkosteneinkauf MZ-351, (05.08.2008).

passiven Frachtgutschriftverfahren abgerechnet werden, da diese seitens des Einkaufs separat bewertet werden. Der Abrechnungsprozess erfolgt sowohl im Frachtgutschriftverfahren als auch per Rechnung. Ein weiteres Kriterium für die Auswahl von DHL ist die Tatsache, dass sowohl die deutschen Produktionsstandorte als auch die Werke in Großbritannien und Italien von DHL versorgt werden. Im Teilevertrieb werden zudem Spanien, die Schweiz, Italien und Teile Osteuropas versorgt.

Bestandteil dieser Arbeit ist es die Möglichkeit der Erhöhung der Eigenverantwortung in Verbindung mit einem Kennzahlensystem zu untersuchen. Die Ergebnisse aus dem Pilot-Team sollen zusätzlich Lösungsansätze aufzeigen, die eine gesamthafte Anwendung innerhalb der Transportkostenabrechnung in Betracht ziehen lassen.

Derzeit sind neun Mitarbeiter in die Bearbeitung der DHL-Vorgänge (Rechnung und Frachtgutschriftverfahren) im Bereich Produktionsmaterial involviert. Neben DHL bearbeiten einige der Mitarbeiter zusätzlich weitere Transportdienstleister. Einige beschäftigen sich nahezu ausschließlich mit Frachtgutschriftverfahren, andere wiederum schwerpunktmäßig mit Rechnungen. Die weitere Untersuchung und Analyse der Vorgangszahlen wird in einem ersten Ergebnis zeigen, wie viele Mitarbeiter in einem Team für die Bearbeitung sämtlicher DHL-Sendungen benötigt werden. In diesem Zusammenhang wird hier die im Personalmanagement gängige Abkürzung FTE verwendet, die für "Full Time Equivalent" steht und als Bezeichnung für Vollzeitarbeitskraft zur Anwendung kommt. Innerhalb der BMW AG drückt ein FTE den Zeitwert einer Vollzeitarbeitskraft aus, wobei einem Beschäftigungsgrad von 100 % eine Wochenarbeitszeit von 35 Stunden entspricht.

5.3.4 Analyse des Volumens für das Pilot-Team

Die Bewertung der benötigten Zeit kann zum einen aufgrund von Befragungen der Mitarbeiter erfolgen. Dazu muss für die Erhebung zuvor ein bestimmter Zeitraum abgestimmt und festgelegt werden. Die Relevanz der Angaben muss den Mitarbeitern erläutert werden, damit es aufgrund von zu hohen oder zu geringen

Bewertungen nicht zum Ungleichgewicht unter den Mitarbeitern kommt. Zur Verifizierung sollten die Zeitangaben der jeweiligen Mitarbeiter zu den ermittelten Vorgangszahlen ins Verhältnis gesetzt und beide miteinander verglichen werden. Anhand des Mittelwertes aus der Kapazitätsanalyse und den Vorgangszahlen aus dem Frachtgutschriftverfahren sowie aus der Rechnungsprüfung erfolgt anschließend eine Hochrechnung zur Ermittlung der benötigten FTEs. Alternativ hierzu besteht die Möglichkeit einer so genannten 100 %-Erhebung, bei der über einen Zeitraum von z. B. fünf Arbeitstagen eine vollständige Zeiterfassung durchgeführt wird. Eine erste Analyse der Vorgangszahlen für das Produktionsmaterial konnte bereits durchgeführt werden. Aufgrund der zur Verfügung stehenden Regelarbeitszeit von 19,29 FTE (siehe Tabelle 3) erfolgt eine Bewertung der Vorgangszahlen aus dem Frachtgutschriftverfahren, dem Korrekturprozess sowie der Rechnungsprüfung. Die Vorgangszahlen hierzu wurden aus den vorhandenen Datenbanken auf Basis des Leistungsmonats November 2007 entnommen. Der November eines jeden Jahres gilt aufgrund eines relativ ausgeglichenen Jahresdurchschnittsvolumens als Referenzmonat für statistische Erhebungen bzw. forecasts (Vorausberechnungen).

Entwicklung eines Praxismodells

Arbeitsvorrat	SOLL_FTE	FTE_35	FGV_Anteil	FGV_FTE	RP_Anteil	RP_FTE
MA_i01	40	1,14	0,50	0,57	0,50	0,57
MA_i02	40	1,14	0,75	0,86	0,25	0,29
MA_i03	40	1,14	1,00	1,14	0,00	0,00
MA_i04	40	1,14	0,00	0,00	1,00	1,14
MA_i05	35	1,00	0,75	0,75	0,25	0,25
MA_i06	35	1,00	1,00	1,00		0,00
MA_i07	35	1,00	1,00	1,00		0,00
MA_i08	22	0,63	1,00	0,63		0,00
MA_i09	21	0,60		0,00	1,00	0,60
MA_i10	35	1,00	1,00	1,00		0,00
MA_i11	35	1,00	1,00	1,00		0,00
MA_i12	35	1,00	1,00	1,00		0,00
MA_i13	35	1,00	0,80	0,80	0,20	0,20
MA_i14	35	1,00		0,00	1,00	1,00
MA_e1	30	1,00	1,00	1,00		0,00
MA_e2	30	1,00	0,70	0,70	0,30	0,30
MA_e3	30	1,00	1,00	1,00		0,00
MA_e4	30	1,00	1,00	1,00		0,00
MA_e5	30	1,00	0,60	0,60	0,40	0,40
MA_e6	30	0,50	1,00	0,50		0,00
Summe_FTE		19,29		14,55		4,75

Tabelle 3: Kapazitätsbewertung FR-234-Fracht
Quelle: eigene Darstellung.

Eine erste Betrachtung ist nur unter der Voraussetzung möglich, dass für die Bearbeitung der Vorgänge immer der gleiche Zeitfaktor angesetzt wird. Auf diese Weise kann ein Faktor ermittelt werden, der wiederum eine Hochrechnung der Vorgänge und der benötigten Kapazität in der Betrachtung des Transportdienstleisters DHL ermöglicht.

Bei einer Konsolidierung aller DHL-Vorgänge und einer anschließenden Implementierung in ein Pilot-Team würde ein Kapazitätsbedarf von 4,86 FTE entstehen, der sich in folgende Prozesse aufteilt:

Spediteur	Zeit RP	FGV ohne KOR	Zeit KOR	Zeit FGV inkl. KOR	Gesamt / Std	FTE
DHL	5,05	131,82	33,13	164,95	170,00	4,86

Tabelle 4: Vorgangsbewertung DHL
Quelle: eigene Darstellung.

In der Mitarbeiterbetrachtung wurde bislang von einer Verteilung der Kapazitäten wie bei den folgenden Mitarbeitern in Tabelle 4 ausgegangen:

Arbeitsvorrat	DHL Kapazität Std	SOLL FTE
MA_i01		40
MA_i02		40
MA_i03		40
MA_i04		40
MA_i05		35
MA_i06	10	35
MA_i07	17	35
MA_i08	9	22
MA_i09		21
MA_i10	8	35
MA_i11	34	35
MA_i12		35
MA_i13		35
MA_i14	2	35
MA_e01		30
MA_e02		30
MA_e03	30	30
MA_e04	30	30
MA_e05	30	30
MA_e06		30
Summe Std	170,00	
Summe FTE	4,86	

Tabelle 5: Mitarbeiterbetrachtung DHL-Verteilung IST
Quelle: eigene Darstellung.

Ausgehend von dem in der ersten Betrachtung ermittelten Kapazitätsbedarf von 4,86 FTE für ein DHL-Pilot-Team sollte bei einer späteren Umsetzung eine detaillierte Analyse mit entsprechender Wertung bzw. Gewichtung je Prozess erfolgen.

5.3.5 Auswahl der Mitarbeiter für das Pilot-Team

Die Auswahl der Mitarbeiter sollte sowohl in Abstimmung mit sämtlichen Sachbearbeitern erfolgen, die derzeit DHL-Vorgänge bearbeiten, als auch mit den potenziellen künftigen Teammitgliedern. Als mögliche Auswahlkriterien gilt es hierbei zu berücksichtigen:

- Sozialkompetenz
- Veränderungsbereitschaft
- Teamfähigkeit
- Durchsetzungsvermögen
- Fremdsprachenkenntnisse
- Fachwissen
- Prozessverständnis
- Key Player (Leistungsträger)
- Arbeitszeitmodelle / Kapazität

Sowohl die Teamfähigkeit als auch die Sozialkompetenzen sind besonders wichtige Kriterien bei der Zusammenstellung eines Pilot-Teams. Fachwissen, Prozessverständnis sowie ein hohes Durchsetzungsvermögen sind vor allem in der Außenkommunikation, aber auch in Gesprächen mit internen Prozesspartnern unbedingt erforderlich. Fremdsprachenkenntnisse gilt es ebenfalls zu berücksichtigen, da die Geschäftssprache im Kontakt mit den Werken im (englischsprachigen) Ausland generell Englisch ist. Über die unterschiedlichen Arbeitszeitmodelle lässt sich die Kapazität entsprechend einteilen, sodass zum einen die benötigte Kapazität zur Verfügung gestellt, und zum anderen durch Wechsel innerhalb der Gruppe FR-234 schnell auf steigenden bzw. sinkenden Kapazitätsbedarf reagiert werden kann.

Zunächst wäre ein Projektstart mit 5 FTE empfehlenswert um die notwendigen Rahmenbedingungen für Abstimmung und Organisation zur Verfügung zu stellen. Nach erfolgreicher Umsetzung sollte aufgrund eines zu erwartenden Synergie-

Effektes eine Reduktion auf 4,63 FTE bzw. 4 FTE unter Berücksichtigung der Arbeitszeitmodelle möglich sein.

5.4 Entwicklung eines Kennzahlensystems für die Rechnungsprüfung

In der Kreditorischen Rechnungsprüfung kommt momentan kein standardisiertes Kennzahlensystem zum Einsatz. Folgende Kennzahlen werden derzeit monatlich erhoben:

- Ist-Abrechnung in EUR
- Anzahl Vorgänge
- Wert je Vorgang
- Durchlaufzeit in Tagen
- Einsatz FTE
- Vorgänge je FTE
- Kosten je Vorgang

Die bisher erhobenen Kennzahlen betrachten einen hauptsächlich monetären Hintergrund. Eine qualitative Betrachtung der Prozesse erfolgt nur in begrenztem Rahmen und es besteht keine Transparenz bezüglich sämtlicher Prozesse sowie Transportdienstleister.

Der qualitative Aspekt sowie die Prozessgestaltung werden bisher eher unzureichend berücksichtigt. Ein Kennzahlensystem für die Frachtenprüfung sollte neben der finanziellen Betrachtung die Qualität, die Kunden, die Mitarbeiter und die Prozesse abbilden. Aber gerade hinsichtlich der qualitativen Betrachtung besteht im Zusammenhang mit Six Sigma ein enormes Einsparpotenzial. Die Prozesse sollten somit dahin gehend gestaltet werden, dass möglichst keine Fehler entstehen. Gleichzeitig sollten Kundenanforderungen und eine Mitarbeiterperspektive das System vervollständigen.

Die Transportkostenabrechnung besteht aus differenzierten Geschäftsabläufen, die es im Rahmen dieser Arbeit zu analysieren und zu optimieren gilt.

Optimierungsergebnisse kann man nur anhand von Indikatoren messen, die zuvor festgelegt wurden. Die notwendigen Indikatoren werden jeweils in den folgenden Abschnitten untersucht, ggf. angepasst bzw. neu definiert und anschließend als Kennzahl festgelegt.

5.4.1 Auswahl einer Kennzahlensystembasis

Da es derzeit innerhalb der Kreditorischen Rechnungsprüfung keine Planungen für die generelle Einführung eines gesamthaften Managementsystems wie zum Beispiel eines der bereits vorgestellten Systeme Balanced Scorecard, Six Sigma oder EFQM-Modell gibt, wird sich der Autor auf den Aufbau einer Kennzahlen-Scorecard, in Anlehnung an eines der vorgestellten Systeme, konzentrieren.

5.4.2 Kennzahlen-Scorecard

Die angedachte Kennzahlen-Scorecard wird aus den zuvor genannten Gründen mehrere Perspektiven betrachten. Die folgende Abbildung 13 zeigt eine mögliche Variante einer Scorecard, die in Anlehnung an das Balanced-Scorecard-Modell konzipiert wurde.

Entwicklung eines Praxismodells

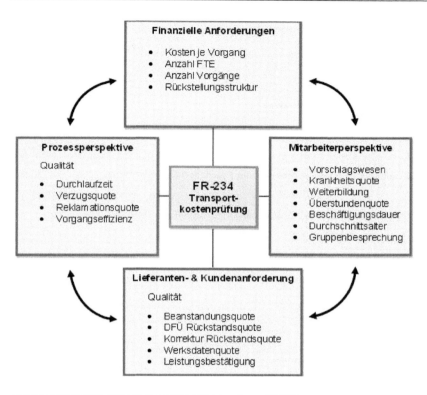

Abbildung 15: Scorecard für die Transportkostenabrechnung FR-234
Quelle: eigene Darstellung.

Wie in der Vergangenheit soll eine Bewertung der Vorgangskosten an oberster Stelle stehen, da diese in Verbindung mit der Vorgangszahl Bestandteil einer Abteilungsbetrachtung ist. Die Entwicklung eines Kennzahlensystems innerhalb der Transportkostenabrechnung FR-234 muss im "Output" eine Betrachtung der bisherigen Kernwerte auf Abteilungsebene sicherstellen. Sofern die Umsetzung erfolgreich durchgeführt werden kann, besteht die Möglichkeit innerhalb der Kreditorischen Rechnungsprüfung eine Ausweitung der Kennzahlen-Scorecard über die Transportkostenabrechnung hinaus einzuführen.

5.4.3 Finanzielle Anforderungen

Zu den finanziellen Anforderungen zählen:

- Kosten je Vorgang
    - Anzahl der Vorgänge
    - Anzahl der eingesetzten Kapazitäten (FTE)

Die Betrachtung der Vorgangszahlen erfolgt monatlich. Basis hierfür sind die Anzahl der bearbeiteten Sendungen im Frachtgutschriftverfahren einerseits, sowie die Anzahl der gebuchten Rechnungen innerhalb eines Leistungsmonats andererseits. Beide Werte werden aus bestehenden Datenbanken gewonnen.

Um die Anzahl der eingesetzten Kapazitäten bewerten zu können, erfolgt eine Erhebung der FTEs auf der Grundlage der geleisteten Stunden. Zu diesem Zweck werden die Leistungsstunden unter Berücksichtigung folgender Kriterien ermittelt:

- Ist-Anwesenheit unter Berücksichtigung von Urlaub sowie Gleitzeitab- bzw. aufbau
- Abwesenheit durch Krankheit wird erst ab der sechsten Woche in der Bewertung berücksichtigt

Die Gesamtkosten (Kosten der eingesetzten FTEs zzgl. Fixkostenanteil) geteilt durch die Anzahl der Vorgänge ergibt die Kosten je Vorgang. Der Wert je Vorgang soll als Referenzwert dienen, auf dessen Grundlage ein Trend dargestellt werden kann. In den vergangenen Jahren war ein leicht sinkender Wert je Vorgang festzustellen, der zum Teil auf gesunkene Preise in der Transportlogistik zurückzuführen war. In jüngerer Zeit kommt es aufgrund der gestiegenen Kraftstoffpreise sowie gesetzlicher Änderungen im Zusammenhang mit der Lenk- und Ruhezeitverordnung zu steigenden Transportkosten, die an die Auftraggeber weitergegeben werden. Eine Darstellung der eingangs beschriebenen Kostenbewertung erfolgt in der folgenden Abbildung 16. Die Anzahl der Belege je Arbeitstag und der Automatisierungsgrad werden ebenso wie der Wert je Vorgang als Referenzwert vorgehalten.

Entwicklung eines Praxismodells

	Ist 2007	Hochrechnung 2008
IST-Abrechnung in €	987.038.000	1.084.912.000
Vorgänge	206.235	227.850
Wert / Vorgang	4.786 €	4.762 €
Belege / Arbeitstag	937	1036
Automatisierungsgrad	96%	96%
Durchlaufzeit / Tage	5	5
Kosten je FTE	114.512 €	119.712 €
Kosten gesamt	2.061.216 €	2.309.244 €
Kosten / Vorgang in €	9,99 €	10,13 €
FTE / 35 Std.	18	19,29
Vorgänge / FTE 35 Std.	11.458	11.812

Abbildung 16: Abrechnung, Vorgänge, Kosten
Quelle: BMW AG, FR-234-interne Darstellung (Zahlen beispielhaft, Werte geändert).

- Rückstellungsstruktur

Die Kennzahl soll aussagen, wie hoch der Anteil der für nicht abgerechnete Leistungen zu bildenden Rückstellungen am Gesamtvolumen der Transportkosten ist. Die Höhe dieses Anteils steht im Kontext mit der Verzugsquote (Qualität), da ein Abrechnungsrückstand oder Erfassungsrückstand seitens des Transportdienstleisters den Wert einer Rückstellung oder innerjährigen Abgrenzung maßgeblich beeinflusst.

Rückstellungsstruktur in %
$\dfrac{\text{Rückstellung} \times 100}{\text{Gesamtvolumen Transportkosten}}$

Abbildung 17: Rückstellungsstruktur
Quelle: eigene Darstellung.

- Kosten je Transportdienstleister

Eine Betrachtung der Kosten je Transportdienstleister kann Transparenz dahin gehend erzeugen, als die Kosten in ihrem Verhältnis zum Umsatz bewertet werden. Auch hier hat die Qualität der Prozesse einen maßgeblichen Einfluss. Es muss dazu aber eine Einteilung der Transportdienstleister nach einem ABC-Kriterium erfolgen. Sinkt beispielsweise ein A-Spediteur mit einem Umsatzanteil von ca. 50 % in der Qualität um zwei Prozentpunkte, hat dies eine größere Auswirkung auf die Vorgangskosten als bei einem C-Spediteur mit einem Umsatzanteil von ca. 10 %. In Abhängigkeit von Volumen und Qualität müssen die Maßnahmen entsprechend priorisiert werden.

5.4.4 Prozessperspektive

Die Prozesse des Frachtgutschriftverfahrens und der Rechnungsprüfung, die oben unter Punkt 5.3 vorgestellt wurden, sind nun hinsichtlich ihrer qualitativen Eigenschaften zu untersuchen. Als mögliche Kennzahlen bieten sich folgende qualitative Indikatoren an:

- Durchlaufzeiten

Die Durchlaufzeiten werden im Frachtgutschriftverfahren anhand des Eingangs der Transportdaten-DFÜ und des Tags der Freigabe zur Zahlung bewertet. Die Daten können aus der bestehenden Datenbank ermittelt werden. In der Rechnungsprüfung kann die Bewertung mit den Parametern Rechnungseingangsdatum und Buchungsdatum erfolgen. Am Zahlungsziel orientiert sich eine Bewertung der Anzahl von Sendungen, die innerhalb sowie außerhalb der vorgegebenen Durchlaufzeiten bearbeitet wurden. Als Zusatzinformation sollte die Anzahl der Sendungen ausgewiesen werden, die aus Sicht der Bearbeitung im Verzug sind oder kurz davor stehen, in Verzug zu geraten.

Entwicklung eines Praxismodells

```
┌─────────────────────────────────┐
│         Durchlaufzeit           │
├─────────────────────────────────┤
│      IST - Bearbeitungszeit     │
│      SOLL - Bearbeitungszeit    │
│                                 │
└─────────────────────────────────┘
```

Abbildung 18: Durchlaufzeit
Quelle: eigene Darstellung.

- Verzugsquote

Die Verzugsquote bezieht sich auf die zeitliche Differenz zwischen DFÜ-Eingangsdatum und Datum der Freigabe zur Zahlung und gibt den prozentualen Anteil der Vorgänge, die im Verzug sind, an der Gesamtzahl der Vorgänge an. Der Sollwert für die zeitliche Differenz definiert sich durch das vertraglich vereinbarte Zahlungsziel.

```
┌─────────────────────────────────┐
│       Verzugsquote in %         │
├─────────────────────────────────┤
│   Anzahl Vorgänge außerhalb     │
│         der Frist x 100         │
│     Anzahl aller Vorgänge       │
└─────────────────────────────────┘
```

Abbildung 19: Verzugsquote
Quelle: eigene Darstellung.

- Reklamationsquote

Hierbei soll die Qualität der Prozesse im Frachtgutschriftverfahren anhand der Anzahl der Sendungen, die vom Transportdienstleister nach der Abrechnung zur Korrektur angemeldet werden, gemessen werden. Die Anzahl der zu korrigierenden Sendungen soll zur Gesamtzahl der Vorgänge aus dem Frachtgurtschriftverfahren ins Verhältnis gesetzt werden. Die Beanstandungsquote ermöglicht einen Rückschluss auf die Qualität des gesamten Prozesses.

$$\text{Reklamationsquote in \%}$$

$$\frac{\text{Anzahl Korrektur Vorgänge} \times 100}{\text{Anzahl aller Vorgänge}}$$

Abbildung 20: Reklamationsquote
Quelle: eigene Darstellung.

Durch eine Steigerung der Qualität, beispielsweise in der Erstabrechnung, sollten die Produktivität gesteigert und die Kosten reduziert werden.

- Vorgangseffizienz

Neben der rein monetären Betrachtung der Vorgänge kann die Anzahl der Vorgänge im Verhältnis zur eingesetzten Kapazität auch unter dem Gesichtspunkt der Effizienz betrachtet werden. Um die Anzahl der eingesetzten Kapazitäten bewerten zu können, erfolgt auch hier eine Erhebung der FTEs auf der Grundlage der geleisteten Stunden. Im Gegensatz zur monetären Betrachtung werden die Leistungsstunden unter Berücksichtigung folgender Kriterien ermittelt:

- Ist-Anwesenheit unter Berücksichtigung von Urlaub sowie Gleitzeitab- bzw. aufbau

- Abwesenheit durch Krankheit

Die Anzahl der Vorgänge geteilt durch die eingesetzten Kapazitäten x 100 ergibt einen Index für die Vorgangseffizienz.

$$\text{Vorgangseffizienz}$$

$$\frac{\text{Anzahl aller Vorgänge}}{\text{Anzahl FTE} \times 100}$$

Abbildung 21: Vorgangseffizienz
Quelle: eigene Darstellung.

Ein steigender Wert im IST deutet auf eine größere Effizienz hin. Wenn der Wert sinkt, z. B. durch eine höhere Anzahl der eingesetzten FTEs bei gleicher Vorgangszahl, bedeutet dies eine geringere Effizienz.

- Anzahl Sonderfälle pro Team und Monat

Als Sonderfall ist ein Vorgang zu betrachten, der nicht im definierten Standardprozess bearbeitet werden kann und aufgrund der außerordentlichen zeitlichen Beanspruchung einen Zusatzaufwand verursacht. Auf diese Weise können so genannte Zeitfresser, also nicht wertschöpfende Zeiten, von wertschöpfenden Zeiten getrennt bewertet werden. Die Sonderfälle müssen zuvor mit einem Zeitfaktor belegt werden. Die Anzahl der Sonderfälle pro Team und Monat multipliziert mit dem Zeitfaktor ergibt den Kapazitätsbedarf für Sonderfälle. Veränderungen werden so messbar und können hinsichtlich der benötigten Kapazitäten bewertet werden.

Anhand sämtlicher erhobenen Kennzahlen kann parallel zu deren inhaltlichen Aussagen die Prozessgeschwindigkeit gemessen werden. Wie verändern sich Durchlaufzeiten, können diese verkürzt werden, wie lange dauert es, bis erkannt wird, dass eine Rechnung nicht den Anforderungen entspricht? Die Veränderung der einzelnen Kennzahlen lässt Rückschlüsse auf die Qualität zu und erlaubt eine Bewertung der benötigten Kapazität. Nach Möglichkeit ist dazu neben eine Vergangenheitsorientierung (Kennzahlen als Spätindikatoren) eine Zukunftsbetrachtung zu stellen (Kennzahlen als Frühindikatoren). Ausschlaggebend ist, dass es gelingt, Ursachen und Wirkungen transparent darzustellen und hieraus Potenziale für Verbesserungen zu entwickeln. Die daraus resultierenden Aufgaben zählen zur Controllingaufgabe der Führungsunterstützung.

5.4.5 Kunden- & Lieferantenanforderungen

In der heutigen Zeit darf zwischen externen und internen Kunden kaum unterschieden werden. Gleiches gilt für Lieferanten. Das Prinzip „Jeder ist Kunde und Lieferant" beschreibt die so genannte "Partnership", bei dem das partnerschaftliche Zusammenwirken für jeden der Beteiligten einen Gewinn darstellt. Ein kundenorientiertes Denken und Handeln stellt somit eine

Selbstverständlichkeit auch in rein internen Leistungsbeziehungen dar. Zu den internen und externen Kunden zählen die unter Punkt 5.2.3 angesprochenen Prozesspartner. Als mögliche Kennzahlen sind denkbar:

- Kundenzufriedenheit

Die Kundenzufriedenheit lässt sich durch Kundenbefragungen messen, wobei die Anzahl der zufriedenen Kunden zur Gesamtanzahl der Kunden ins Verhältnis gesetzt wird.

$$\text{Kundenzufriedenheit in \%} = \frac{\text{Anzahl zufriedener Kunden} \times 100}{\text{Gesamtzahl der Kunden}}$$

Abbildung 22: Kundenzufriedenheit
Quelle: eigene Darstellung.

Da es sich bei der Kundenzufriedenheit um einen sehr subjektiven Wert handelt, ist es unverzichtbar die Gründe für gesunkene oder gestiegene Kundenzufriedenheit zu analysieren. Gleiches gilt bei Mitarbeiterbefragungen. Der Wert der Kundenzufriedenheit steht im Kontext mit der Mitarbeiterperspektive, da die Mitarbeiterzufriedenheit (u. U. beeinflusst durch den Grad der Mitarbeitermotivation) sowie die Mitarbeiterqualifikation die Kundenzufriedenheit beeinflussen.

- Lieferantenqualität (Beanstandungsquote)

Die Qualität der Lieferanten wird im Rahmen der Rechnungsprüfung am Grad der Güte der Transportdaten und Frachtdokumente gemessen. Sind die Daten / Belege zu beanstanden, müssen neue angefordert werden. So wird die Anzahl der Beanstandungen im Frachtgutschriftverfahren anhand der Anzahl der Anforderungen einer neuen DFÜ gemessen. Eine neue DFÜ wird also immer dann nötig, wenn die Qualität der übermittelten Transportdaten des Spediteurs nicht den erwarteten Anforderungen der BMW AG entspricht. In Relation zur

Gesamtanzahl der Positionen ergibt sich sowohl in der prozessbezogenen als auch in der qualitativen Betrachtung ein messbarer Wert. Im Rahmen der Rechnungsprüfung kommt es zu Beanstandungen, wenn Rechnungen vorliegen, deren Forderung aus formalen, rechtlichen oder inhaltlichen Gründen abgelehnt wird.

$$\text{Beanstandungsquote in \%}$$

$$\frac{\text{Anzahl beanstandeter Vorgänge} \times 100}{\text{Anzahl aller Vorgänge}}$$

Abbildung 23: Beanstandungsquote
Quelle: eigene Darstellung.

- DFÜ-Rückstandsquote

Die DFÜ-Rückstandsquote bezieht sich auf die zeitliche Differenz zwischen Bordero-Datum (Leistungsdatum) und DFÜ-Eingangsdatum und soll den prozentualen Anteil der Vorgänge mit DFÜ-Rückstand an der Gesamtzahl der Vorgänge aufzeigen. Ein zuvor festgelegter Wert muss den Sollwert für die zeitliche Differenz definieren.

$$\text{DFÜ Rückstandsquote}$$

$$\frac{\text{Anzahl Vorgänge außerhalb der Frist}}{\text{Anzahl aller Vorgänge}}$$

Abbildung 24: DFÜ-Rückstandsquote
Quelle: eigene Darstellung.

- Korrektur-Rückstandsquote

Eine Betrachtung der Korrektur-Rückstandsquote ermöglicht ebenfalls eine qualitative Betrachtung des Transportdienstleisters. Die Forderung an den

Transportdienstleister ist, dass dieser innerhalb einer vereinbarten Frist von 42 Kalendertagen auf die durchgeführte Abrechnung mit einer Rückmeldung reagiert. Die Korrektur-Rückstandsquote soll insofern das Monitoring unterstützen.

$$\text{Korrektur Rückstandsquote in \%} = \frac{\text{Anzahl der Rückmeldungen außerhalb der Frist} \times 100}{\text{Anzahl aller Vorgänge}}$$

Abbildung 25: Korrektur-Rückstandsquote
Quelle: eigene Darstellung.

- Werksdatenquote

Hierbei soll gemessen werden, wie hoch der prozentuale Anteil der Werksdaten an der Gesamtzahl der DFÜ-Daten des Spediteurs ist. Diese Messgröße hilft die Qualität der internen Leistungspartner zu beurteilen und zu verbessern. Die Aussage ist insofern von Bedeutung, als bei fehlenden Werksdaten immer ein Abliefernachweis erforderlich ist, dessen Anforderung und Bearbeitung den Aufwand je Vorgang maßgeblich erhöhen.

$$\text{Werksdatenquote in \%} = \frac{\text{Anzahl Werksdaten} \times 100}{\text{Anzahl Spediteursdaten DFÜ}}$$

Abbildung 26: Werksdatenquote
Quelle: eigene Darstellung.

Ein Fehlen der Werksdaten kann aber auch durch einen externen Leistungspartner verursacht werden, und zwar dann, wenn die erforderlichen Schlüsseldaten unzureichend oder fehlerhaft erfasst wurden. Die Schlüsseldaten sind für das Zusammenführen der DFÜ-Daten und der Werksdaten im Prozess der Einstellverarbeitung notwendig. In Abhängigkeit von der Anzahl der Vorgänge sollte hier ein Cluster nach dem Prinzip der ABC-Analyse erstellt werden um die Verursacher nach Wichtigkeit zu gliedern.

- Leistungsbestätigung

Sofern eine Rechnung nicht aufgrund einer vertraglichen Vereinbarung durch FR-234 geprüft werden kann, erfolgt eine Weiterleitung in den jeweils zuständigen Fachbereich. Die Schnelligkeit, mit der die Leistungsbestätigung in den einzelnen Fachbereichen erfolgt, ist unterschiedlich hoch, hat jedoch maßgeblichen Einfluss auf den Gesamtprozess. Eine Kennzahl sollte diesen Zusammenhang messen um den Prozess anschließend durch Sensibilisierung der betreffenden Fachbereiche nachhaltig zu beschleunigen. Eine Kategorisierung nach der ABC-Methode sollte hier ebenfalls zur Anwendung kommen.

$$\text{Leistungsbestätigung} = \frac{\text{IST - Bearbeitungszeit}}{\text{SOLL - Bearbeitungszeit}}$$

Abbildung 27: Leistungsbestätigung
Quelle: eigene Darstellung.

Die Kunden- und Lieferantenanforderungen lassen einen engen Bezug zur Qualität der Prozesse erkennen. Die Qualität beider Perspektiven übt eine starke Wechselwirkung auf die finanzielle Betrachtung aus. Sinkt beispielsweise die Qualität eines Lieferanten, hat dies eine negative Auswirkung auf die Prozessqualität der Frachtabrechnung, was wiederum die Vorgangszeit verlängert und somit die Vorgangskosten erhöht.

5.4.6 Mitarbeiterperspektive

- Betriebliches Vorschlagswesen

Das Betriebliche Vorschlagswesen ist eines der effektivsten und effizientesten Verbesserungsinstrumente. Anders als Außenstehende kennen die Mitarbeiter ihre

Tätigkeiten im Detail und sind schneller, wenn es darum geht, Verbesserungsmöglichkeiten zu erkennen. Aus diesem Grund sollte hierzu eine Kennzahl je Mitarbeiter oder Team erhoben werden. Eine Unterscheidung sollte in Einreichung und Umsetzung der Verbesserungsvorschläge erfolgen.

o Einreichungsquote der Verbesserungsvorschläge

$$\text{Vorschlag Einreichung in \%}$$

$$\frac{\Sigma \text{ Einreichung} \times 100}{\text{Gesamtzahl der Mitarbeiter}}$$

Abbildung 28: Einreichung Verbesserungsvorschläge
Quelle: eigene Darstellung.

o Realisierungs- / Umsetzungsquote Verbesserungsvorschläge

$$\text{Realisierungsquote in \%}$$

$$\frac{\Sigma \text{ Realisierte Vorschläge} \times 100}{\text{Gesamtzahl Verbesserungsvorschläge}}$$

Abbildung 29: Realisierung Verbesserungsvorschläge
Quelle: eigene Darstellung.

- Krankheitsquote

Mithilfe der Krankheitsquote soll beurteilt werden, wie sich der Gesundheitszustand der Mitarbeiter im Zeitverlauf der Jahre entwickelt. Zusätzlich unterstützt diese Kennzahl die der Bewertung der Vorgangskosten. Die Fehlzeiten und die Leistungsstunden ergeben die eingesetzte Kapazität. Es ist zu prüfen, ob die Kennzahl Rückschlüsse auf die Motivation der Mitarbeiter zulässt.

$$\text{Krankheitsquote in \%}$$

$$\frac{\Sigma \text{ Krankheitsbedingte Fehltage} \times 100}{\text{SOLL} - \text{Arbeitszeit in Tagen}}$$

Abbildung 30: Krankheitsquote
Quelle: eigene Darstellung.

- Weiterbildung

Die Weiterbildungszeit der Mitarbeiter sollte in Tagen erfasst werden, da die Mitarbeiter in dieser Zeit dem Unternehmen nicht als Leistungserbringer zur Verfügung stehen. Die Fehlzeit darf hierbei aber nicht als Negativmerkmal betrachtet werden. Vielmehr gilt es bei geeigneten Weiterbildungsmaßnahmen den Nutzen für das Unternehmen hervorzuheben. So unterstützt die Weiterbildungsmaßnahme die Entwicklung des Mitarbeiters, was als Motivator gewertet werden kann. Die Entwicklung der Mitarbeiter zu so genannten Potenzialkandidaten stellt einen entscheidenden Vorteil für die Unternehmen dar. Künftige Führungspositionen können aus den eigenen Reihen besetzt werden und so müssen neue Führungskräfte nicht aufwendig und kostenintensiv extern akquiriert werden.

$$\text{Weiterbildungszeit in Tagen}$$

$$\frac{\text{Anzahl der Weiterbildungstage}}{\text{Gesamtzahl der Mitarbeiter}}$$

Abbildung 31: Weiterbildungszeit in Tagen je Mitarbeiter
Quelle: eigene Darstellung.

- Überstundenquote

Die Überstundenquote erlaubt eine Aussage über den prozentualen Anteil der Überstunden an der Gesamtzahl der Arbeitsstunden. Da Überstunden in der Regel

Kosten verursachen, ist dieser Wert regelmäßig zu überprüfen und aus den Erkenntnissen sollten entsprechende Maßnahmen abgeleitet werden.

$$\text{Überstundenquote in \%}$$

$$\frac{\Sigma \text{ Überstunden} \times 100}{\text{Gesamtzahl der Arbeitsstunden}}$$

Abbildung 32: Überstundenquote
Quelle: eigene Darstellung.

- Beschäftigungsdauer, Abteilungszugehörigkeit

Anhand der Beschäftigungsdauer oder Abteilungszugehörigkeit lassen sich häufig Rückschlüsse auf die Mitarbeiterzufriedenheit ableiten. Daher sollte der diesbezüglich ermittelte Wert bei einer Beurteilung der Mitarbeiterzufriedenheit zusammen mit einer Umfrage als Indikator berücksichtigt werden.

$$\text{Beschäftigungsdauer}$$

$$\frac{\Sigma \text{ der Zeit der Beschäftigungsdauer}}{\text{Gesamtzahl der Mitarbeiter}}$$

Abbildung 33: Beschäftigungsdauer in Jahren
Quelle: eigene Darstellung.

- Durchschnittsalter

In jüngerer Zeit wird häufig über die demographische Entwicklung gesprochen. In diesem Zusammenhang sollte die Altersstruktur anhand einer Kennzahl beobachtet werden. Ziel ist es mit einer ausgeglichenen Altersstruktur sowohl junge Mitarbeiter als auch erfahrene Mitarbeiter im Unternehmen zu beschäftigen. In Verbindung mit der Kennzahl der Beschäftigungsdauer kann dies ebenfalls, für junge wie für ältere Mitarbeiter, als Motivator dienen.

Entwicklung eines Praxismodells

Durchschnittsalter der Mitarbeiter

$$\frac{\Sigma \text{ des Alters der Mitarbeiter}}{\text{Gesamtzahl der Mitarbeiter}}$$

Abbildung 34: Durchschnittsalter der Mitarbeiter
Quelle: eigene Darstellung.

Die hier vorgestellten Kennzahlen bilden nur einen kleinen Ausschnitt möglicher Indikatoren. Sie wurden aber ausgewählt, weil sie am ehesten im Zusammenhang mit der Arbeitseffizienz stehen. Die Erkenntnisse hierzu sowie ein Ablaufplan, der sich daraus für das Projekt ergibt, werden im nachstehenden Abschnitt 5.5 erläutert.

- Gruppenbesprechung

Geplant ist, dass je Monat mindestens eine Gruppenbesprechung durchgeführt wird. Die Durchführung soll einerseits dem Informationsaustausch dienen, und andererseits dem Mitarbeiter die Möglichkeit geben Probleme anzusprechen. Beides soll dazu beitragen ein loyales Verhältnis zwischen Mitarbeiter und Vorgesetzten zu unterstützen und weiter auszubauen. In diesem Zusammenhang lässt sich messen, ob alle geplanten Gruppenbesprechungen durchgeführt wurden oder ob es (wichtige) Gründe gab, diese zu verschieben. Die Einhaltung dieser Termine vermittelt dem Mitarbeiter eine gewisse Wertschätzung. Darüber hinaus ist eine Kennzahl denkbar, welche z. B. eine Aussage darüber trifft, welchen Anteil Diskussionsbeiträge in Verbindung mit Verbesserungsvorschlägen am Inhalt der Besprechung haben.

5.5 Erkenntnisse und Konsequenzen

Die Erkenntnisse und Konsequenzen aus der Entwicklung einer möglichen Kennzahlen-Scorecard werden in den folgenden Punkten aufgezeigt. Die weitere Vorgehensweise und ein möglicher Ablaufplan sollen den Punkt 5 abschließen.

5.5.1 Änderungsbedarf im Fachbereich

Eine erste Maßnahme sollte darin bestehen, die einzelnen Prozesse, ggf. in Abstimmung mit den Prozesspartnern, zu untersuchen. Schwachstellen müssen analysiert, klassifiziert und beseitigt werden. Änderungsmaßnahmen sollten in Einzel-, Team-, oder fachbereichsübergreifenden Gesprächen erfolgen. Vereinbarte Prozessanpassungen oder Qualitätsvereinbarungen zweier Fachbereiche (Prozesspartner) sollten in einem so genannten "Service Level Agreement", kurz SLA, dokumentiert werden. Eine Kommunikation innerhalb des Fachbereiches ist auch hier unverzichtbar.

Auch in diesem Punkt könnte eine Kennzahl zum Einsatz kommen. So besteht die Möglichkeit geänderte Prozesse von unterschiedlichen Personen durchführen zu lassen. Anhand einer Leistungsmessung kann festgestellt werden, welcher Prozess wie angenommen wird und ob die Prozesse in Abhängigkeit vom Mitarbeiter eine unterschiedliche Performance aufweisen.

Die Notwendigkeit einer Messung der internen und externen Kundenzufriedenheit wurde bereits differenziert dargestellt. Bei einer Umorganisation sollte intensiv darüber diskutiert werden, was diese für die Leistungspartner bewirkt. So steigt etwa, um ein einfaches Beispiel zu nennen, der Zufriedenheitsindex der Kunden, wenn für diese eindeutige Ansprechpartner definiert sind, die man außerdem jederzeit telefonisch erreichen kann.

Eine klare Zuordnung der Transportdienstleister innerhalb einer Teamorganisation würde auch eine Verbesserung der Erreichbarkeit erzielen. In der bisherigen Organisationsform ist beispielsweise eine Urlaubsvertretung nur begrenzt möglich. Innerhalb einer Teamorganisation kann eine Bearbeitung von unterschiedlichen Transportdienstleistern durch unterschiedliche Sachbearbeiter erfolgen. Auf diese

Weise ist für den Transportdienstleister jederzeit ein kompetenter Ansprechpartner vorhanden.

Die Ergebnisse aus der qualitativen Betrachtung sollten innerhalb eines Regelprozesses mit dem Transportdienstleistungseinkauf MZ-35 ausgetauscht werden. Die Erkenntnisse können bei der Lieferantenbeurteilung sowie bei künftigen Ausschreibungen berücksichtigt werden.

Um rechtzeitig auf veränderte Rahmenbedingungen reagieren zu können, sollte in regelmäßigen Abständen eine Evaluierung notwendiger Schulungsmaßnahmen der Mitarbeiter stattfinden. Neue Mitarbeiter sollten im Rahmen ihrer Einarbeitung die Arbeitsweisen der vor- und nachgelagerten Prozesse wie z. B. Wareneingangs- und Versandstellen vor Ort kennen lernen. Auch Weiterbildungen im Bereich der Fremdsprachen, bei denen die Mitarbeiter nachhaltig geschult werden, sollten berücksichtigt werden. Hierbei wäre eine Abarbeitung der notwendigen Maßnahmen unter Berücksichtigung der Dringlichkeit und Effizienz anhand eines Maßnahmenkataloges ratsam.

Eine weitere wichtige Aufgabe besteht aus Sicht dieser Arbeit darin die bereits angelaufene Standardisierung der Prozesse und Verhaltensvorschriften weiter auszubauen. Gleiche oder ähnliche Aufgaben sollen von allen Mitarbeitern auf die gleiche Weise bearbeitet werden. Unter dieser Voraussetzung bietet sich eine weitere Entwicklungsmöglichkeit durch die Anwendung des Prinzips der "Jobrotation" - sowohl für die Mitarbeiter als auch aus der Kunden- und Lieferantenperspektive.

5.5.2 Umorganisation im Unternehmen

Die Bildung eines DHL-Teams mit fünf Team-Mitgliedern würde aufgrund der jetzigen Organisationsstruktur das Arbeitsfeld mehrerer Mitarbeiter betreffen. Aufgaben müssten getauscht und Wissen müsste vermittelt werden. Eine Berücksichtigung für Einarbeitung und organisatorische Maßnahmen der benötigten Kapazitäten muss in diesem Zusammenhang unbedingt sichergestellt werden.

In der internen Prozessperspektive besteht zudem die Möglichkeit Verbesserungen und Optimierungen vorzunehmen, die zum einen die Prozesse positiv beeinflussen, und zum anderen eine Kostendegression bewirken sollten.

5.5.3 Planung einer neuen Funktion "Controlling"

Der Punkt "Führung mit System" (4.7) hat deutlich gemacht, dass es sinnvoll ist, in das Führungssystem einer Organisationseinheit eine Zwischenebene "Führungsunterstützung" einzubauen, wobei der Begriff „Ebene" hier nicht hierarchisch, sondern im Sinne einer zusätzlichen Funktion zu verstehen ist. Die Funktion "Führungsunterstützung" kann aber durchaus ein Aufgabenvolumen haben, das die Einrichtung einer eigenen Stelle rechtfertigt. So könnte innerhalb der Gruppe FR-234, Transportkostenprüfung, eine Controllingstelle die relevanten Informationen für die Gruppenleitung bündeln und die Kommunikation zwischen allen Beteiligten sicherstellen. Insbesondere bei einer teamorientierten Organisation mit drei oder vier Teams sollte eine führungsunterstützende Instanz als Schnittstelle implementiert werden. Wie bereits im Zusammenhang mit dem Reflexionsorientierten Controlling ausgeführt, ist es Aufgabe der Führungsunterstützung, der Gruppenleitung (Führung) alle Informationen zur Entscheidungsfindung zu liefern. Die Funktion der Führungsunterstützung beinhaltet keine Personalverantwortung. Der Inhaber dieser Stelle muss jedoch dafür sorgen, dass die an der Ausführung eines bestimmten Prozesses beteiligten Mitarbeiter sich als ein der Zusammenarbeit verpflichtetes Team fühlen.

5.5.4 Auswahl des Führungsstils

Die Auswahl des Führungsstils obliegt der Führungskraft und kann nicht vorgegeben werden. Aufgrund der Erfahrungen und Erkenntnisse dieser Arbeit würde der Autor einen als partizipativ zu bezeichnenden situativ geprägten Führungsstil wählen. Eine loyale Mitarbeiter-Vorgesetzten-Beziehung bietet hierfür beste Voraussetzungen. Mitarbeiter erwarten heute mehr denn je, dass die Vorgesetzten in ihrer Führungsfunktion glaubwürdig und verlässlich sind. Vor allem sollten Führungskräfte Vorbild sein und in kritischen Situationen hinter ihren Mitarbeitern stehen. Die Kombination „Demokratische Führung" und „Führen durch Zielvereinbarungen" lässt sich in einen partizipativ geprägten Führungsstil gut implementieren.

5.5.5 Erhöhung / Stärkung der Eigenverantwortung

Die Mitarbeiter sollen eigenverantwortlich den Kapazitätsbedarf innerhalb der Teams steuern. Dabei soll die Zielerreichung nicht vernachlässigt, Überkapazität jedoch vermieden werden. Eine entsprechende Anwesenheitsplanung kann somit innerhalb des Teams erfolgen. Hierbei sind Spitzenzeiten mit viel Personalbedarf aufgrund hoher Vorgangszahlen in die Planung mit einzubeziehen. Die Transparenz einer Kennzahlen-Scorecard soll die notwendige Unterstützung leisten. Eine eigenverantwortliche Umverteilung der Aufgaben innerhalb des Teams soll einerseits die Flexibilität der Mitarbeiter, sowie andererseits deren Motivation durch eine abwechslungsreichere Tätigkeit erhöhen. Ebenso ist davon auszugehen, dass das "Wir-Gefühl" durch Teamzugehörigkeit verstärkt wird, was sich wiederum bei der Zielerreichung einer Aufgabe effizienzsteigernd auswirken sollte. In der Praxis könnte ein einfaches Beispiel sein, dass alle Teammitglieder am Freitagnachmittag gemeinschaftlich um 13:00 Uhr Feierabend machen möchten. Die Organisation innerhalb des Teams sollte dann im Verlauf der Woche so gestaltet werden, dass alle Aufgaben am Freitagnachmittag erledigt sind und jeder Mitarbeiter frühzeitig das Wochenende beginnen kann - also nicht ein einzelner Mitarbeiter z. B. noch bis 17:00 Uhr anwesend sein muss. Im Rahmen eines "15-Minutes-Meetings" sollten tagesaktuelle Probleme innerhalb des Teams besprochen werden um einen vollständigen Informationsaustausch sicherzustellen.

5.5.6 Teambuilding

Durch die Entwicklung des Praxismodells besteht auch die Möglichkeit für die administrativen Bereiche der BMW AG ein Vorbild des Teambuilding zu schaffen. Manfred Becker schreibt in diesem Kontext: „Teams tragen als Leistungsgemeinschaft die kollektive Entscheidungsverantwortung. Im Team sollen Gruppenprozesse möglichst effizient auf ein Ziel hingesteuert werden. Bei Bildung eines neuen Teams oder bei Schwierigkeiten in bestehenden Teams können Maßnahmen der Neuentwicklung eingesetzt werden, bei denen die im Team ablaufenden Prozesse diagnostiziert werden, um anschließend Handlungsalternativen aufzuzeigen".[186] Ziel ist es, bei allen Teammitgliedern das Verständnis dafür zu wecken, dass das Teamergebnis als Job im Vordergrund steht und nicht der eigene Job. Gleiches gilt bei Misserfolgen, bei denen die Suche nach Wegen und Maßnahmen künftige Fehler zu vermeiden im Vordergrund steht und nicht die Schuldzuweisung.

Generell kann über Teambuilding die Kommunikation unter den Teammitgliedern gefördert und der persönliche Konkurrenzkampf reduziert werden. Ein gut funktionierendes Team zeichnet sich durch eine hervorragende, eigenverantwortliche Organisation aus. Die Teammitglieder sollten zudem untereinander Vertrauen aufbauen und loyal miteinander umgehen. Teambuilding kann hier den notwendigen Grundstein legen. Dies soll in dem Modell, das für die Kreditorische Rechnungsprüfung der BMW AG angestrebt wird, verwirklicht werden.

5.5.7 360°-Feedback

Im Punkt 2.2.7 wurde die Funktion des 360°-Feedbacks eingehend beschrieben. Innerhalb der BMW AG finden seit einigen Jahren Leistungsbeurteilungen in Form von Drei-Ebenen-Gesprächen statt. Bei diesen Gesprächen wird dem Mitarbeiter die Möglichkeit gegeben gegenüber dem direkten Vorgesetzten Lob und Kritik zu äußern. Die Führungskraft hat dann die Möglichkeit im Rahmen einer Selbstreflexion dieses Feedback zu nutzen. Über die Leistungsbeurteilung hinaus besteht die Möglichkeit der offenen Kommunikation innerhalb der monatlichen Gruppenbesprechungen. Die Mitarbeiter haben auch hier die Gelegenheit Verbesserungsvorschläge sowie Kritik offen anzusprechen.

---

[186] Becker, 2005, S. 467.

5.5.8 Möglicher Ablaufplan für das Projekt des Praxismodells

	2008			2009
	Okt.	Nov.	Dez.	Jan.
Planungs- und Analysephase	■			
Entwurf und Entwicklung der Kennzahlen Scorecard		■		
Präsentation und Kommunikation		□		
Umsetzungsplanung			■	
Auswahl eines Transportdienstleisters			■	
Analyse der Soll-Kapazität			□	
Auswahl und Zusammenstellung des Pilot-Teams			□	
Kommunikation und Präsentation der Umorganisation			□	
Workshop / Teambuilding				□
Go Live				□
Umsetzung, Monitoring				

Abbildung 35: Projekt-Ablaufplan
Quelle: eigene Darstellung.

Der Ablaufplan stellt einen Zeitraum dar, innerhalb dessen die Realisierung des Projektes umgesetzt werden könnte. Der Zeitraum für einen "Go Live" ist bewusst auf Anfang Januar gelegt, da gegen Ende des Jahres aufgrund der Jahresabschlussvorbereitungen für gewöhnlich eine gewisse Anspannung herrscht. Eine Implementierung zu Jahresbeginn, ggf. im Rahmen eines Workshops oder eines Teambuildings, erscheint sinnvoll.

5.5.9 Erfolgsmessung und Ziele

Zusätzlich zu der Festlegung der Kennzahlen, die ja den eigentlichen Inhalt des Praxismodells bilden, sollten wie bei jedem Projekt auch hier konkrete Ziele vereinbart werden. Mit einer anschließenden Bewertung kann dann der Zielerreichungsgrad gemessen werden. Zudem besteht die Möglichkeit eine Erfolgsmessung anhand der erhobenen Kennzahlen durchzuführen. Wenn die erstmalige Datenerhebung nach der neuen Kennzahlen-Scorecard erfolgt, können die Kennzahlen der einzelnen Perspektiven und Bereiche als Basiswerte angenommen werden. Eine monatliche Messung zeigt einerseits die Entwicklung der einzelnen Bereiche, andererseits ermöglicht dies eine Beurteilung der eingeleiteten Maßnahmen. Die zu erreichenden Ziele müssten im Rahmen einer Evaluierung zuvor vereinbart werden. Als mögliche Mindestziele kommen in Frage:

- Senkung der Kosten je Vorgang um 5 %
- Erhöhung des Automatisierungsgrades um 1 %
- Senkung der Reklamationsquote um 5 %
- Erhöhung der Werksdatenquote um 5 %
- Steigerung der Realisierungsquote um 5 %

Zu jedem der einzelnen Parameter sind Optimierungspotenziale denkbar. Die Wechselwirkung zwischen den einzelnen Kennzahlen ist unverkennbar.

Ferner sollten allgemeine Ziele wie z. B. kürzere Wege der Kommunikation, eine optimale Abwesenheitsvertretung sowie eine Steigerung des Teamgedankens angestrebt werden. Jedes einzelne dieser Ziele sollte zu Synergieeffekten beitragen.

5.6 Fazit und Vorschau

Die Entwicklung eines Praxismodells hat den Zusammenhang zwischen der Personalführung und der Anwendung von Kennzahlen deutlich gemacht. Diese Master Thesis versteht sich als eine Art Untersuchungsauftrag, der die Zusammenhänge herausarbeitet, die bei der Erstellung eines Kennzahlensystems sowie dessen Implementierung zu berücksichtigen sind. Die Möglichkeiten und Chancen einer tatsächlichen Umsetzung bleiben einer sich daran anschließenden Evaluierung vorbehalten.

An dieser Stelle, und auch im Zusammenhang mit Punkt 5.3, erscheint es dem Autor wichtig auf die Anhörungs- bzw. Mitbestimmungsrechte des Betriebsrates hinzuweisen. Im Praxisfall wurden bei den bisherigen Analysen im Rahmen der Vorplanung keine Personenbezogenen Daten gemessen. Es sollte jedoch in Erwägung gezogen werden vor einer Projektphase den Betriebsrat anzuhören, da nicht ausgeschlossen werden kann, dass die weitergehenden Untersuchungen und Analysen die Zustimmung des Betriebsrates erfordern. Gemäß § 87 Abs. 6 BetrVG ist das Mitwirkungsrecht des Betriebsrates wie folgt definiert:

„Einführung und Anwendung von technischen Einrichtungen, die dazu bestimmt sind, das Verhalten oder die Leistung der Arbeitnehmer zu überwachen".[187]

Darüber hinaus sieht das BetrVG gemäß § 87 Abs. 13 für Gruppenarbeit im Zusammenhang mit Eigenverantwortung folgende Regelung vor:

„Grundsätze über die Durchführung von Gruppenarbeit; Gruppenarbeit im Sinne dieser Vorschrift liegt vor, wenn im Rahmen des betrieblichen Arbeitsablaufs eine Gruppe von Arbeitnehmern eine ihr übertragene Gesamtaufgabe im Wesentlichen eigenverantwortlich erledigt".[188]

Die geplante Vorgehensweise sollte für das Pilot-Team im Vorfeld abgestimmt werden, damit ein reibungsloser Projektablauf während der Implementierungsphase gewährleistet ist.

---

[187] § 87 Abs. 6 BetrVG 2004, S. 610.
[188] Ebenda, S. 611.

Nach einer erfolgreichen Implementierung des Pilot-Teams sollte die Aufschaltung weiterer Transportdienstleister folgen. Durch die qualitative Betrachtung der Prozesse ermöglicht dies ein Benchmarking der jeweiligen Transportdienstleister und eröffnet weitere Optimierungspotenziale. Vor allem die Wechselwirkungen zwischen der Prozessperspektive auf der einen Seite, die maßgeblich von der Qualität beeinflusst wird, und den monetären Anforderungen auf der anderen Seite verdeutlichen den Handlungsbedarf. Findet überdies eine Verknüpfung mit der Mitarbeiterperspektive und den Kunden- bzw. Lieferantenanforderungen statt, wird die Basis für eine Erhöhung der Eigenverantwortung geschaffen. Die Themen Führung, Verantwortung und Entwicklung leisten hierzu ihren Beitrag. Im folgenden Abschnitt 6 soll die weitere Anwendbarkeit näher betrachtet werden.

Beispiele aus der Praxis belegen, dass der Einsatz von Kennzahlen in der Produktion erhebliche Vorteile mit sich bringt. Die Mitarbeiter haben jederzeit die Möglichkeit an einer Kennzahlentafel den aktuellen Stand (Soll-Ist) in ihrem Bereich abzulesen. Zusätzlich werden Informationen über Anwesenheit, Qualität oder Störungen vermittelt, wodurch jeder Mitarbeiter in die Lage versetzt wird geeignete Maßnahmen einzuleiten. Ferner wird die Verantwortung der Produktionsmitarbeiter vor Ort gestärkt. Den Mitarbeitern ist bewusst, dass sie selbst Kosten beeinflussen können und positiven Einfluss auf die Zielerreichung haben.[189]

Die Erkenntnisse dieser Arbeit und die positiven Resonanzen aus den Produktionsbereichen bestärken den Autor der Master Thesis in seinem Ansatz die Eigenverantwortung, auch im administrativen Bereich der Kreditorischen Rechnungsprüfung, durch die Implementierung eines Kennzahlensystems erhöhen zu können.

---

[189] Vgl. BMW AG Intranet, URL: http://www.landshut.w4/tf/projekte/WPS/ (09.08.2008).

6 Anwendungsempfehlung

Die folgenden Punkte sollen Anwendungsempfehlungen, Lösungsansätze zu Detailfragen und weitere Entwicklungspotenziale aufzeigen.

6.1 Validierung

Anhand der Erkenntnisse des Pilot-Teams und basierend auf dem Grad der Zielerreichung sollte eine Validierung durchgeführt werden. Ihr Ziel sollte sein den theoretischen Ansatz dieser Master Thesis in der Praxis zu bestätigen. Ein weiteres Ziel wäre die logische Funktion der neuen Organisationsform sowie die dazu gehörenden Methoden für alle Mitarbeiter "greifbar" und verständlich zu machen. Sich daraus ergebende neue Entwicklungsansätze sollten beim Aufschalten weiterer Transportdienstleister berücksichtigt werden. Die daraus gewonnenen Erfahrungen müssen dokumentiert und vermittelt werden um einerseits über das bereits Erreichte zu informieren, und andererseits um die Ergebnisse als Motivator transparent zu machen.

6.2 Praktikabilität und Wirtschaftlichkeit im Unternehmen

Bei der Einführung eines Kennzahlensystems gibt es häufig Vorbehalte. Die Angst vor Kontrolle und Transparenz kursieren meist schneller als das Erkennen der Vorteile, die aus der Anwendung eines solchen Systems resultieren. Die Einführung einer Balanced Scorecard oder eines EFQM-Modells gestaltet sich inmitten einer Linienorganisation sicherlich als schwierig, da zuvor die Rahmenbedingungen, beispielsweise anhand einer Vision und Strategie, vorgegeben werden müssten. Es ist aber anzunehmen, dass eine an die Erkenntnisse dieser Arbeit angelehnte Kennzahlen-Scorecard leichter zu implementieren ist und dass sich im jeweiligen Anwendungsfall einfach darstellen lässt, wie eine solche Scorecard zu Zielerreichung und Effizienzsteigerung führt. Insofern ist die Praktikabilität des Modells und der hierzu herausgearbeiteten Denkansätze auch übertragbar auf ähnlich gelagerte Sachverhalte. Im Verlauf einer Implementierung sollte im Rahmen der Projektphase jeder einzelne Aspekt gesondert verifiziert werden. Für die einzelnen Untersuchungsobjekte gibt es, gerade aufgrund ihrer Beziehung zum Qualitätsmanagement, zahlreiche Werkzeuge, die sich sowohl als standardisierte Messinstrumente als auch als Darstellungsmethoden eignen.

Eine Betrachtung der Wirtschaftlichkeit ist insofern notwendig, als eine detaillierte Analyse sowie eine darauf folgende Umsetzung mit Personal- und Sachkapazität ausgestattet werden sollte, die entsprechende Kosten verursacht. Hinsichtlich der Betrachtung des Nutzens ist zu erwarten, dass die Erhöhung der Prozess-Transparenz sowie deren Monitoring neue Erkenntnisse und Optimierungspotenziale aufzeigen wird. Aufgrund der unmittelbaren Beteiligung am Zustandekommen des Modells wird ein zusätzlicher Effekt sein, dass sowohl die Anzahl der im Vorschlagswesen eingereichten Verbesserungsvorschläge als auch deren Umsetzungsraten steigen. Auf diese Weise würden zusätzliche Synergieeffekte zeitnah realisiert. Die eingesetzte Kapazität sollte sich somit innerhalb eines Jahres amortisieren und im folgenden Jahr bereits zu einem positiven Netto-Effekt bei der Senkung der Vorgangskosten beitragen. Zudem macht das Kennzahlensystem die Wechselwirkung sowie den Zusammenhang zwischen den Perspektiven transparent. Eine Verbesserung der Prozessqualität wird eine Effizienzsteigerung herbeiführen, die sich wiederum in einer Kostendegression der Vorgangskosten bemerkbar machen wird. Vergleichbare Effekte werden in der Optimierung der Zusammenarbeit mit Lieferanten und Kunden erwartet.

Da jeder Mitarbeiter seine Ziele kennt, diese mit erarbeitet hat, jederzeit den aktuellen Stand verfolgen kann und sich kontinuierlich an der Verbesserung beteiligt, wird die durch das Führen mit Kennzahlen angestrebte Erhöhung der Eigenverantwortung fast „automatisch" bewirkt.

6.3 Lösungsansätze im Detail

Für eine vertiefende Analyse bieten sich eine Reihe von Lösungsansätzen an, die je nach Abhängigkeit von der Perspektive zur Anwendung kommen können. Der Ablaufplan (siehe hierzu Punkt 5.5.8) zeigt den Verlauf eines solchen Projekts nur grob. Die einzelnen Projektphasen sollten entsprechend den Anforderungen feiner gegliedert werden.

- Die finanziellen Anforderungen können wie bisher aufgrund der Vorgangszahlen und Kosten ermittelt werden. Interessant wird die künftige Beurteilung in Bezug darauf, wie sich die jeweilige Entwicklung der Kosten je Vorgang begründen lässt. Eine Ursachen- und Wirkungskette, wie sie bereits von Robert Kaplan und David Norton zur Beurteilung der Wirkung einer Strategie innerhalb der Balanced Scorecard eingesetzt wird, kann hierbei hilfreiche Unterstützung leisten.[190] Darüber hinaus können die Leistungstreiber, die eine finanzielle Kennzahl maßgeblich beeinflussen, identifiziert werden.

- Für den Bereich der Prozessperspektive lassen sich im Rahmen der Qualitätsanalyse beispielsweise Prozessfähigkeitsanalysen durchführen sowie die eigentliche Prozessleistung ermitteln. Werkzeuge wie z. B. die Pareto-Analyse können hierbei unterstützen.

- Im Bereich der Kunden- und Lieferantenanforderungen können beispielsweise durch Befragungen notwendige Leistungsanforderungen ermittelt werden, um hierbei durch Erarbeitung von Lösungsansätzen ebenfalls eine Effizienzsteigerung durch eine bessere Qualität oder eine Steigerung der Kundenzufriedenheit zu erreichen. Ein wirksames Messinstrument hierbei ist das Kano-Modell, das sowohl die aktuelle Qualitäts- und Leistungsanforderung darstellt als auch die Grundanforderungen sowie die Forderungen, die eine Kundenanforderung übersteigen. So kann beispielsweise für Kunden wie auch für Lieferanten die Kommunikation durch Einführung einer zentralen Telefonnummer und eines einheitlichen E-Mail-Accounts verbessert werden. Dadurch wird die Erreichbarkeit der Ansprechpartner erhöht, was wiederum den Prozess beschleunigt und die Kundenzufriedenheit maßgeblich beeinflusst.

---

[190] Vgl. Horváth, 1997, S. 28f.

- Im Bereich der Mitarbeiterperspektive gibt es ebenfalls Lösungsansätze, die sowohl die Eigenverantwortung erhöhen als auch die Motivation der Mitarbeiter steigern. Die Möglichkeit der Mitarbeiterbefragung wurde im Verlauf der Arbeit zwar erläutert, jedoch nicht weiter vertieft. Generell zählt die Mitarbeiterbefragung jedoch zu den Werkzeugen, die als so genannte Motivatoren gelten. Allen voran gehört das 360°-Feedback-Prinzip zu einem der wirksamsten Werkzeuge im Zusammenhang mit Feedback. Voraussetzung hierbei ist, dass das Feedback ernst genommen und mit überzeugenden Maßnahmen zur Verbesserung umgesetzt wird. Diese Methode ist auch ein wirksames Messinstrument in Bezug darauf, ob sich Mitarbeiter ausreichend informiert fühlen oder weitere Maßnahmen der Kommunikationsverbesserung notwendig sind.

Bei der Ausarbeitung einer Projektphase sollten bereits Prozessabläufe definiert werden, anhand derer dann im Verlauf des Projektes erste statistische Prozessmessungen vorgenommen werden können.

Im Rahmen einer Führungskräfteentwicklung kann beispielsweise das so genannte Grid-Modell zur Anwendung kommen. In der 9-x-9-Felder-Matrix können die Sachorientierung (Aufgabenorientierung) sowie die Menschenorientierung (Mitarbeiterorientierung) erfasst werden um den geeigneten Führungsstil zu ermitteln.[191]

6.4 Weitere Entwicklungspotenziale

Über die in dieser Arbeit angesprochenen Aspekte hinaus bietet beispielsweise der Komplex der Motivation weitere Möglichkeiten der Untersuchung und Entwicklung. Es sei hier auf die so genannte Zwei-Faktoren-Theorie von Frederick Herzberg verwiesen. Für die Feststellung der Mitarbeiterzufriedenheit sollte näher untersucht werden, welche Erkenntnisse über Hygienefaktoren und Motivatoren zur Verfügung stehen, die die Mitarbeiterzufriedenheit maßgeblich beeinflussen. Auch die Ansätze von Abraham Maslow und dessen "Bedürfnispyramide" können in diesem Kontext

---

[191] Vgl. Kasper, Mayrhofer, 2002, S. 182.

weiterentwickelt werden. Ebenso lassen sich im Zusammenhang mit der Leistungsperformance Leistungs- und Verhaltensprobleme analysieren und es kann festgestellt werden, ob es sich um motivationsbedingte, eignungsbedingte oder lernbedingte Faktoren handelt. Hartmut Laufer behandelt dieses Thema im Kontext mit der Motivation.[192] Hierzu gehört auch eine Vertiefung der Wechselbeziehung zwischen Motivation und Verantwortung. Die berufliche Motivation und das Übernehmen von Verantwortung bieten hierzu eine Reihe von Perspektiven.

Wie bereits angesprochen geht es beim Thema Führungskräfteentwicklung auch darum, Veränderungen im Mitarbeiter-Führungs-Verhältnis herzustellen, um so die vorhandenen Mitarbeiterpotenziale nutzen zu können. Der Punkt 2.2.4 (Führungsdisziplin) hat den Zusammenhang zwischen Führung, Ethik, Verantwortung und Werten verdeutlicht. Dabei muss gerade den Führungskräften ein hohes Maß an Verantwortung zugeteilt werden, damit kein Hemmfaktor bei der Entfaltung der Mitarbeiterpotenziale entsteht.

Weitere Entwicklungspotenziale bietet ebenfalls die eigentliche Kennzahlen-Scorecard. Nachdem die Kennzahlen für die Pilotphase definiert wurden, sollte diese kontinuierlich weiterentwickelt werden. Folgende Punkte könnten zur Anwendung kommen:

- Kontinuierliche Weiterentwicklung der Kennzahlen-Scorecard; dies beinhaltet eine Überwachung und Überprüfung auf Anwendbarkeit
- Integration als Planungsinstrument für künftige Kapazitäts- bzw. Budgetplanungen
- Einbindung in operativen Prozessplanungen
- Koppelung an das bestehende Berichtswesen, wobei dieses ggf. um einzelne Werte der Scorecard zu erweitern ist
- Hinführen des Führungsstils einzelner Vorgesetzter zur Steuerung mit Kennzahlen und zum Führen mit Zielvereinbarungen (MbO); unter Einbeziehung der bereits erläuterten Partizipation und Intuition

---

[192] Vgl. Laufer, 2008, S. 113.

- Verstärkter Anstoß Mitarbeitererwartungen aufzunehmen und entsprechend zu berücksichtigen

- Unterstützung der Selbststeuerung der Mitarbeiter anhand der Kennzahlen-Scorecard; durch die Zuordnung von Verantwortlichkeiten für einzelne Kennzahlen, Prozesse, Bereiche oder Perspektiven

Konkret auf das zuvor beschriebene Praxismodell bezogen besteht das Entwicklungspotenzial darin, durch Prozessanalysen mit Hilfe des Kennzahlensystems den Aufwand in der Rechnungsprüfung und im Frachtgutschriftverfahren besser bewerten zu können. Die Vorgänge in der Rechnungsprüfung sollten nach der ABC-Methode dahin gehend untersucht werden, welcher Teil in ein Frachtgutschriftverfahren integriert werden sollte, um den Automatisierungsgrad zu erhöhen und somit eine Kostendegression herbeizuführen. Letztendlich werden die Ergebnisse aus dem Pilot-Team Aufschluss darüber geben, ob die neue Vorgehensweise die erwarteten Ergebnisse realisieren kann.

6.5 Kritische Betrachtung

Zum Abschluss sollen einige entscheidende Kernpunkte dieser Arbeit nochmals hervorgehoben werden.

6.5.1 Interpretation der Ergebnisse

Da das "Führen mit Kennzahlen" die Eigenverantwortung der Mitarbeiter erhöht, können diese auch den Kapazitätsbedarf innerhalb des Teams eigenverantwortlich steuern. Dadurch werden sie selbst sowie ihre Vorgesetzten entlastet und aufgrund der Transparenz der Kennzahlen ist für alle Beteiligten jederzeit nachvollziehbar, wie sie diese Kapazität planen und nutzen. Auf diese Weise kann auf Spitzenzeiten mit hohem Arbeitsaufkommen reagiert werden und in Zeiten mit weniger Arbeitsvolumen können Mitarbeiter die frei werdende Kapazität zum Abbau von Gleitzeitguthaben oder für Urlaub verwenden. Im Idealfall gelingt es auf wiederkehrende Zyklen mit hohem Arbeitsaufkommen mit einer entsprechenden Kapazitätsplanung im Voraus zu reagieren.

Anwendungsempfehlung

Mit der Optimierung der Kapazitätsnutzung ist die monetäre Betrachtungsweise angesprochen. Darüber hinaus sollen hier zwei weitere wichtige Erfolgsfaktoren hervorgehoben werden:

- Die Kommunikation mit den Mitarbeitern, das Einbeziehen bei Entscheidungen sowie die Weiterbildung der Mitarbeiter sind wichtige Erfolgsfaktoren in der Führung mit Kennzahlen. Eine gute Möglichkeit die Mitarbeiter zu informieren oder mit einzubinden bietet sich z. B. innerhalb eines Projektes durch eine kurze Besprechung zu jedem Meilenstein.

- Es sollten ausschließlich Daten erhoben werden, die in einer Wechselbeziehung zu mindestens einer weiteren Perspektive stehen und die anschließend einer weiteren Verwendung zugeführt werden. Die Anzahl der Kennzahlen muss überschaubar sein, damit jeder Mitarbeiter einerseits die Zusammenhänge verstehen kann, und andererseits das Bewusstsein entwickelt Prozesse und somit Kosten persönlich beeinflussen zu können.

Durch den Einsatz einer Kennzahlen-Scorecard wird dem Mitarbeiter wesentlich mehr Transparenz über das eigene Handeln ermöglicht. Im Rahmen der Weiterbildung kann den Mitarbeitern das Wissen darüber vermittelt werden, wie sie selbst das Monitoring der jeweiligen Kennzahlen bewerkstelligen können, wodurch eine Personifizierung der Kennzahlen durch Übertragung der Verantwortung für diesen Teilbereich erfolgen kann.

Eine wesentliche Bedeutung misst diese Master Thesis der in Punkt 4.7 erörterten Funktion des Reflexionsorientierten Controlling bei sowie dessen Akzeptanz bei den Mitarbeitern, die zu einem Abbau der Reaktanz führt. Dies scheint nur auf den ersten Blick ein sehr theoretischer Ansatz zu sein, aber bei näherer Betrachtung wird deutlich, warum es in der Praxis häufig zu Misserfolgen in der Organisationsentwicklung kommt.

Ebenfalls erneut hervorzuheben ist, dass die Gesamtverantwortung immer bei der Führungskraft selbst liegt und nicht abgegeben werden kann. In der Praxis bedeutet das, dass zwar Aufgaben und Teile der Verantwortung übertragen werden können, dies aber die Führungskraft nicht davon entbindet sicherzustellen, dass der Mitarbeiter die übertragene Aufgabe erfüllt. Dazu wurden in Abschnitt 2.2.4 die Gedanken von Henry Mintzberg und Peter Ulrich vorgestellt, die im Zusammenhang mit Verantwortung die Betonung auf "Führungsdisziplin" legen, und zwar im Sinne von Führungsethik und der Wertehierarchie den Menschen (Mitarbeitern) gegenüber.

6.5.2 Verbesserungspotenziale

Einige Verbesserungspotenziale wurden bereits unter Punkt 6.4 (Weitere Entwicklungspotenziale) erläutert. Darüber hinaus besteht in Bezug auf das konkrete Praxismodell vor allem in der Prozesskette des Frachtgutschriftverfahrens erhebliches Verbesserungspotenzial. Aktuelle Untersuchungen des Autors über den Zeitraum der ersten sechs Monate 2008 haben ergeben, dass der Datenabgleich zwischen Werksdaten und DFÜ-Daten der Transportdienstleister nur zu 44 % ohne Hinweis und ohne Fehler erfolgt. Konkret bedeutet dies, dass beim Abgleich der DFÜ-Daten des Transportdienstleisters und den dazugehörigen Werksdaten zu 56 % *keine* Übereinstimmung festgestellt werden konnte. Tabelle 6 zeigt die monatliche Verteilung der Bewerteten Sendungen. Der Status "M" steht für eine manuelle Bearbeitung der Sendungen, deren fehlerfreie Verarbeitung nicht möglich war.

Anwendungsempfehlung

Jahr	Monat	Status	Anzahl Positionen	Summe	in %
2008	1		59.410		40,49
2008	1	M	87.334	146.744	59,51
2008	2		68.939		44,98
2008	2	M	84.330	153.269	55,02
2008	3		58.596		42,82
2008	3	M	78.236	136.832	57,18
2008	4		67.620		43,00
2008	4	M	89.629	157.249	57,00
2008	5		57.386		43,22
2008	5	M	75.381	132.767	56,78
2008	6		69.984		49,73
2008	6	M	70.733	140.717	50,27

Fehlerfrei Durchschnitt in %	44,04
Fehlerbehaftet Durchschnitt in %	55,96

Tabelle 6: Datenabgleich DFÜ-Daten / Werksdaten
Quelle: eigene Darstellung.

Dies kann einerseits an vollständig fehlenden Werksdaten liegen oder an Falscherfassungen der beteiligten Prozesspartner, wodurch aufgrund der Plausibilitätsprüfungen eine Abweichung innerhalb der relevanten Parameter festgestellt wird. Da nur fehlerfreie Daten ohne weitere Bearbeitung einer Abrechnung zugeführt werden können, sollte eine Verbesserung der Qualität im Bereich der DFÜ- und der Werksdaten mit an erster Stelle stehen um zeitnahe Synergieeffekte realisieren zu können. Es erscheint dem Autor wichtig, dies an dieser Stelle detailliert herauszustellen, weil ganz allgemein gilt, dass die beste Kennzahl immer nur ein Indikator sein kann, der auf tiefer liegende Ursachen weist.

6.6 Fazit

Im Rahmen der Recherche zu dieser Master Thesis ist der Autor auf einen zum Thema passenden Kommentar von Hartmut Laufer gestoßen: „Eine betriebswirtschaftlich gut durchdachte Konzeption und Organisation ist zwar alles, aber ohne engagierte Mitarbeiter ist das alles nichts".[193] Dieser Leitsatz unterstreicht prägnant die bereits zuvor festgestellte Erkenntnis, dass Kunden *und* Mitarbeiter die wichtigste Ressource für ein Unternehmen sind. Nur ein zufriedener, motivierter und geschulter Mitarbeiter kann den Bedarf des jeweiligen Kunden befriedigen.

„Es zeigt, dass die Zufriedenheit der Mitarbeiter maßgeblich davon abhängt, inwieweit sich die Führungskräfte nicht nur den zweifellos wichtigen Sachfragen des Betriebsprozesses widmen, sondern sich auch um die Belange ihrer Mitarbeiter kümmern. Da sich deren Zufriedenheit auf die Kunden überträgt, schlägt sich eine mitarbeiterorientierte Führung in der Folge über die Kundenzufriedenheit in den Geschäftsergebnissen nieder".[194] Die Geschäftsergebnisse sind damit auch davon abhängig, dass das Zusammenspiel von Verantwortung, Führungsverantwortung, Führen durch Zielvereinbarung und Kennzahlen reibungslos funktioniert. Einen wesentlichen Beitrag dazu leistet eine Erhöhung der Eigenverantwortung der Mitarbeiter, die durch ein ausgewogenes Kennzahlensystem und einen partizipativ und situativ geprägten Führungsstil unterstützt wird.

---

[193] Laufer, 2008, S. 16.
[194] Laufer, 2008, S. 15f.

7 Zusammenfassung

Im Rahmen dieser Master Thesis galt es zu ermitteln, ob die Eigenverantwortung der Mitarbeiter durch Führung mit Kennzahlen erhöht werden kann. Der Aufbau eines Kennzahlensystems sollte dabei die notwendige Unterstützung liefern, um den Mitarbeitern ein entsprechendes Werkzeug zur Verfügung stellen zu können. Durch intensivere Beschäftigung mit der Forschungsfrage stellte sich heraus, dass sich Verantwortung nicht einfach mit Kennzahlen übertragen lässt, ohne dass gleichzeitig eine entsprechende Organisationsentwicklung vonstatten geht.

Der Autor setzte in dieser These drei Themenschwerpunkte, bevor er sich dem eigentlichen Thema anhand der Entwicklung eines Praxismodells näherte. Der Einstieg begann über das Personalmanagement in Bezugnahme auf die Personalführung. Hierbei wurden die Prozess- und Entwicklungsaufgaben des Personalmanagements betrachtet und im weiteren Verlauf die Kernpunkte der Mitarbeiterführung herausgearbeitet. Es wurden die klassischen „Management-by"-Konzepte vorgestellt und am Beispiel des Führens durch Zielvereinbarung (MbO) der Unterschied zwischen der reinen Zielvorgabe und der Zielvereinbarung dargestellt. Der Erfolg dieser Führungstechnik liegt somit in der Zielvereinbarung, bei der der Mitarbeiter die Ziele gemeinsam mit dem Vorgesetzten abstimmt (Commitment). Als weiterer Schwerpunkt der Personalführung wurde die Führungsdisziplinen im Kontext mit der Führungsethik genannt, welche eine verantwortliche Führung innerhalb einer Wertehierarchie beinhalten. Neben der Führungsethik wurden weitere Führungsdisziplinen erläutert, unter denen sich das Kommunikationsmanagement ebenfalls als entscheidend erwies. Im Zeitalter der engen Vernetzung im Unternehmen und über das Unternehmen und alle geographischen Grenzen hinaus gewinnen der Informationsfluss und das Kommunikationsmanagement eine besondere Bedeutung, und dies sowohl in der internen auf den einzelnen Mitarbeiter bezogenen Betrachtung als auch in der Beziehung zu externen Lieferanten und Kunden innerhalb eines Netzwerkes. Im Rahmen der Mitarbeiterführung wurde das 360°-Feedback hervorgehoben, das sich aus Sicht des Autors einerseits zur Leistungsbeurteilung über drei Ebenen

Zusammenfassung

eignet und hierbei auch eine Aufwärtsbeurteilung ermöglicht, andererseits dient diese Methode der Kommunikation, vor allem in der Potenzialbewertung und Mitarbeiterentwicklung.

Der zweite Themenschwerpunkt befasste sich mit der Verantwortung, und zwar sowohl mit der Eigenverantwortung als auch mit der Delegation von Verantwortung. An vorderster Stelle stand hierbei die Partizipation, bei der die Führungskräfte die Mitarbeiter bei Entscheidungen mit einbeziehen, was vor allem als Motivator gewertet werden muss, aber auch den Weg für das Übertragen von Verantwortung ebnet. Es wurde festgestellt, dass sich Verantwortung nicht einfach übertragen lässt, sondern dass der Empfänger (Mitarbeiter) diese auch übernehmen wollen bzw. können muss. Ferner ist es notwendig, die organisatorischen Rahmenbedingungen zu schaffen. Der Punkt Verantwortung verdeutlichte den Zusammenhang von Führen durch Zielvereinbarung, 360°-Feedback und der moralischen und ethischen Verpflichtung dem Mitarbeiter gegenüber, dem Verantwortung übertragen wird. Ferner wurde festgestellt, dass zwar die Aufgabe sowie die Verantwortung der Lösung dieser Aufgabe übertragen werden kann, jedoch die Gesamtverantwortung (der Kontrolle) immer bei der Führungskraft verbleibt.

Im dritten Schwerpunkt dieser Arbeit betrachtete der Autor die Themen Kennzahlen und Kennzahlensysteme. Vorgestellt wurden die klassischen Kennzahlen der Finanzwirtschaft sowie die Funktion von und die Arbeitsweise mit Kennzahlen. Ausgehend von der Aufgabenstellung erfolgte eine gesonderte Betrachtung der Prozesskennzahlen sowie der Kennzahlen zur Personalführung. Es wurde dargestellt, dass eine wesentliche Gefahr in der Betrachtung einzelner Kennzahlen liegt und dass häufig zu viele Daten erhoben werden, denen keine Bedeutung aufgrund der fehlenden Verantwortlichkeit (Personifizierung) beigemessen wird. Bewährte Kennzahlensysteme wie die Balanced Scorecard, Six Sigma und EFQM wurden vorgestellt um einen Überblick über die Schwerpunkte der einzelnen Systeme zu erhalten. Ebenfalls wurden die Themen Reflexionsorientiertes Controlling sowie die Theorie der Reaktanz untersucht, bei denen es einerseits um die Integration einer Führungsunterstützung als

Zusammenfassung

gedankliche Zwischenebene geht, also darum, die Reflexion von Entscheidungen in die Informationsversorgung mit einfließend zu lassen, und andererseits um die Gefahr der Reaktanz bei den Mitarbeitern, die durch eine Führung mit Kennzahlen ihre Freiheit eingeschränkt sehen und dies als Bedrohung auffassen können. Den Führungskräften kommt hierbei eine wesentliche Aufgabe der Verantwortung zu, die ebenfalls nicht abgegeben werden kann.

Im Punkt 5 erfolgte die Entwicklung einer Kennzahlen-Scorecard als Praxismodell um wichtige Erkenntnisse im Sinne der Aufgabenstellung zu erhalten. Der Autor entwickelte eine Kennzahlen-Scorecard, die sich an die Perspektiven und die Funktionen einer Balanced Scorecard anlehnt um diese auf die Bedürfnisse der Kreditorischen Rechnungsprüfung auszurichten. Im weiteren Verlauf wurden für jede Perspektive bzw. Anforderung die notwendigen Kennzahlen erarbeitet. Hierbei wurde besonders Wert darauf gelegt, dass die Kennzahlen immer einen Bezug zu mehr als einer Perspektive haben. Die Wechselwirkung der einzelnen Kennzahlen untereinander wurde besonders am Beispiel der Prozessperspektive deutlich, da sowohl die Performance als auch die Qualität der Prozesse maßgeblichen Einfluss auf die Vorgangskosten haben. Das Praxismodell beinhaltete ferner eine Organisationsveränderung, welche die Bildung eines Pilot-Teams mit fünf Mitarbeitern vorsieht, die innerhalb ihres Teams die Aufgaben sowie Prozesse autark (eigenverantwortlich) steuern sollen. Eine besondere Bedeutung kommt hier der Einhaltung der Kennzahlen und der Prozessoptimierung zu um so die notwendigen Synergien und Effizienzeffekte realisieren zu können.

Im Rahmen der Master Thesis galt es festzustellen, ob die Eigenverantwortung der Mitarbeiter durch eine Führung mit Kennzahlen erhöht werden kann. Abschließend kann diese Frage nicht beantwortet werden, da hierzu das Modell des Pilot-Projektes abgewartet werden muss. Die Erkenntnisse dieser Arbeit lassen aber die Aussage zu, dass eine Erhöhung der Eigenverantwortung möglich sein sollte. Neben der reinen Führung durch Kennzahlen sind jedoch weitere Schritte notwendig. So empfiehlt sich, um dem Ansatz des Reflexionsorientierten Controllings zu folgen, die Errichtung einer Controllingstelle als Führungsunterstützung. Ferner gilt es durch ein Kommunikationsmanagement alle

Mitarbeiter stärker in die Entscheidungsfindung zu integrieren. Die Untersuchungsergebnisse der einzelnen Punkte kommen zu der Schlussfolgerung, dass eine Führung durch Kennzahlen zur Erhöhung der Eigenverantwortung nur in Verbindung mit einer Organisationsänderung in Verbindung mit einem entsprechend partizipativ geprägten Führungsstil empfehlenswert ist.

Im Sinne der Aufgabenstellung erfolgte eine Darstellung des Aufgabenspektrums der Gruppe FR-234 im Rahmen der Kreditorischen Rechnungsprüfung und im Kontext mit der Transportkostenabrechnung und Transportschadensabwicklung. Daran lässt sich zeigen, dass, wie schon theoretisch postuliert, eine Erhöhung der Eigenverantwortung durch Führen mit Kennzahlen isoliert betrachtet nicht sinnvoll ist. Vielmehr gilt es in diesem Zusammenhang die notwendigen Organisationsentwicklungsmaßnahmen voranzutreiben um die notwendigen Rahmenbedingungen für eine erfolgreiche Umsetzung zu generieren.

Mit der praktischen Umsetzung des Pilot-Teams sollte der bisher gegangene Weg fortgeführt werden um die Performance der Prozesse, die Mitarbeiterführung, die Kunden- und Lieferantenbeziehungen und nicht zuletzt die finanzielle Performance weiterzuentwickeln und zu optimieren um so dem Ziel der "Excellence" näher zu kommen. So schließt sich an das Ende dieser Arbeit der Anfang der Umsetzung, die eine fortwährende Weiterentwicklung in den einzelnen Teilbereichen, aber auch in der Kreditorischen Rechnungsprüfung auf das hier beschriebene Ergebnis hin bewirken sollte.

8 Anhang

8.1 Literatur- und Quellenverzeichnis

A) Bücher

Ackermann, K.: Balanced Scorecard für Personalmanagement und Personalführung, 1. Auflage, Wiesbaden, 2000.

Alznauer, M.: Evolutionäre Führung, Wiesbaden, 2006.

Becker, M.: Personalentwicklung, 4. Auflage, Stuttgart, 2005.

Beck-Texte: Arbeitsgesetzte, 64. Auflage, München, 2004.

Brown, M.: Kennzahlen, München, Wien, 1997.

Buckingham, B., Coffman, C.: Erfolgreiche Führung gegen aller Regeln, 3. Auflage, Frankfurt, New York, 2005.

Bühner, R.: Mitarbeiter mit Kennzahlen führen, 3. Auflage, Landsberg, 1997.

Bühner, R.: Mitarbeiterführung als Qualitätsfaktor, München, Wien, 1998.

Bühner, R.: Personalmanagement, 3. Auflage, München, Wien, 2005.

Collins, J.: Der Weg zu den Besten, 8. Auflage, München, 2008.

Dickenberger, D., Gniech, G., Grabitz, H.: Die Theorie der psychologischen Reaktanz. In Frey, D., Irle, M.: Theorien der Sozialpsychologie, Band 1, Göttingen, 1993.

Drucker, P.: Alles über Management, Heidelberg, 2007.

Fersch, J.: Leistungsbeurteilung und Zielvereinbarungen in Unternehmen, Wiesbaden, 2002.

Frese, H.: Mitarbeiterführung, 5.Auflage,Würzburg, 1990.

Friedag, H., Schmidt, W.: Balanced Scorecard, 1.Auflage, Freiburg, 1999.

Guserl, R.: Das Harzburger Modell, Wiesbaden, 1973.

Haas, E.: Peter F. Drucker, Alles über Management, Edersheim, 2007.

Herwig, R., Schmidt, W.: Balanced Scorecard, Freiburg, 1999.

Hofstede, G.: Lokales Denken, globales Handeln, 3. Auflage, München, 2006.

Höhn, R., Böhme, G., Führungsbrevier der Wirtschaft, 3. Auflage, Bad Harzburg, 1668.

Hopfenbeck, W.: Allgemeine Betriebswirtschafts- und Managementlehre, 14. Auflage, München, 2002.

Horváth, P.: Balanced Scorecard, Stuttgart, 1997.

Horváth, P.: Controlling, München, 2006.

Kälin, K., Müri, P.: Sich und andere führen, 2. Auflage, Thun, 1987.

Kaschube, J., Eigenverantwortung – eine neue berufliche Leistung, Göttingen, 2006.

Kasper, H., Mayrhofer, W.: Personalmanagement Führung Organisation, Wien, 2002.

Laufer, H.: Grundlagen erfolgreicher Mitarbeiterführung, 4. Auflage, Offenbach, 2008.

Lenz, G., Ellebracht, H., Osterhold, G.: Coaching als Führungsprinzip, Wiesbaden, 2007.

Lippmann, E.: Coaching, Heidelberg, 2006.

Mintzberg, H., Ahlstrand, B., Lampel, J.: Strategy Safari, Heidelberg, 2005.

Olfert, K.: Lexikon der Betriebswirtschaftslehre, 2. Auflage, Ludwigshafen, 1997.

Olfert, K.: Personalwirtschaft, 12. Auflage, Ludwigshafen, 2006.

Ossola – Haring, C.: Das große Handbuch Kennzahlen zur Unternehmensführung, Landsberg / Lech, 1999.

Pietsch, G.: Reflexionsorientiertes Controlling, 1. Auflage, Wiesbaden, 2003.

Preißler, P.: Betriebswirtschaftliche Kennzahlen, München, 2008.

Reichmann, T.: Controlling mit Kennzahlen und Managementberichten, 6.Auflage, München, 2001.

Schäffer, U.: Kontrolle als Lernprozess, 1. Auflage, Wiesbaden, 2001.

Scherm, E., Pietsch, G.: Controlling, München, 2004.

Scherm, E., Pietsch, G.: Organisation, München, 2007.

Schiffer, P., Linde, B.: Mit Soft Skills mehr erreichen, München, 2002.

Scholz, C.: Personalmanagement, 5. Auflage, München, 2000.

Schwaab, M., Bermann, G., Gairing, F., Kolb, M.: Führen mit Zielen, 2. Auflage, Wiesbaden, 2002.

Senge, P.M.: Die Fünfte Disziplin, 8. Auflage, New York, Stuttgart, 2001.

Sprenger, R.: Das Prinzip Selbstverantwortung, 11. Auflage, Frankfurt, 2002.

Stotz, W.: Employee Relationship Management, München, Wien, 2007.

Thom, N., Zaugg, R.: Moderne Personalentwicklung, Wiesbaden, 2006.

Töpfer, A.: Six Sigma, 4. Auflage, Berlin, Heidelber, New York, 2007.

Ulrich, P.: Integrative Wirtschaftsethik, 4. Auflage, Bern, Stuttgart, Wien, 2008.

Wappis, J. / Jung, B.: Taschenbuch Null – Fehler – Management, 4. Auflage, München, Wien, 2006.

Weber, M.: Kennzahlen, Unternehmen mit Erfolg führen, 3. Auflage, Freiburg, Berlin, München, 2002.

Weber, J., Bramsemann, U., Heineke, C., Hirsch, B.: Werteorientierte Unternehmenssteuerung, Wiesbaden, 2004.

Weber, J., Kunz, J.: Empirische Controllingforschung, 1. Auflage, Wiesbaden, 2003.

Wollert, A.: Führen Verantworten Werte schaffen, Frankfurt, 2001.

B) Periodika

Geißler, C., Hegele-Raih, C. im Gespräch mit Reinhard Sprenger, Mitarbeiter brauchen Freiheit, in: Harvard Business Manager, Nr. 4, 25.03.2003, S. 107.

Hammer, M.: Der Prozess-Check, in: Harvard Business Manager, Nr. 5, 24.04.2007, S. 34-38.

Herrmann, F., Seidensticker, F.J.: Die 20-Zahlen-Diät, in: Harvard Business Manager, Nr. 8, 27.07.2004, S. 8-9.

Mutius, B.v.: Wertebalancierte Unternehmensführung, in: Harvard Business Manager, Nr. 5, 19.07.2002, S. 9-11.

Weiss, M., Zirkler, B., Guttenberger, B.: Performance Measurement Systeme und Ihre Anwendung in der Praxis, in: Controlling, Heft-Nr. 3, 2008, S. 139-147.

Werner, H.: Die Balanced Scorecard – Hintergründe, Ziele und Kritische Würdigung, in: Wirtschaftswissenschaftliches Studium, Heft 8/2000, S. 455-457.

Anhang

C) Online Quellen

Bardy Consult, URL:
http://www.bardy.de/index.hei?&card=heises.c445414f75697fcd2c78b991eca9 06d6 (13.07.2008)

BMW Group, URL:
http://www.bmwgroup.com/d/nav/index.html?http://www.bmwgroup.com/d/0_0_www_bmwgroup_com/forschung_entwicklung/science_club/veroeffentlichte_artikel/2006/news200617.html (27.07.2008)

BMW AG Intranet, URL: http://www.landshut.w4/tf/projekte/WPS/ (09.08.2008).

BMW AG Intranet, URL: https://qnn.muc/cms/public/indexm.htm (11.08.2008).

Changehouse, URL:http://www.changehouse.de/dokumente/Fol_Kulturveraenderung.pdf (22.06.2008)

Competence-Site, URL: http://www.competence-site.de/ (13.07.2008)

EBZ-Beratungszentrum, URL: http://www.ebz-beratungszentrum.de/organisation/efqm.html (27.07.2008)

FAZ,URL:http://www.faz.net/IN/INtemplates/faznet/default.asp?tpl=common/product.asp&doc=%7BE9C73DA8-E59E-44B3-8D7B-D5277E4E741B%7D&rub=%7B856B2D3B-60BD-40F5-AC4B-56B531D8C83D%7D (08.06.2008)

IG Metall, URL: http://www.igmetall-itk.de/files/infoblatt_zielvereinbarungen.pdf (01.06.2008)

Leadership.Info, URL: http://www.leadership.info/329/fuehrungsdisziplin-ethik/ (08.06.2008)

VNR Verlag, URL: http://www.vnr.de/

Wirtschaftslexikon, URL: http://www.wirtschaftslexikon24.net

Zitate, URL: http://www.zitate-zitat.de

Anhang

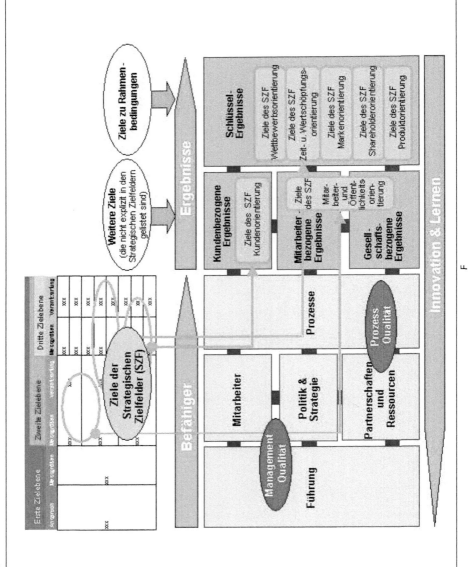

BEI GRIN MACHT SICH IHR WISSEN BEZAHLT

- Wir veröffentlichen Ihre Hausarbeit, Bachelor- und Masterarbeit

- Ihr eigenes eBook und Buch - weltweit in allen wichtigen Shops

- Verdienen Sie an jedem Verkauf

Jetzt bei www.GRIN.com hochladen und kostenlos publizieren